在背叛中重建
自我的觉醒之路

乐子丫头 著

婚姻危机心理学

Psychology of Marriage Crisis

江苏凤凰科学技术出版社 · 南京

图书在版编目（CIP）数据

婚姻危机心理学 / 乐子丫头著. -- 南京 : 江苏凤凰科学技术出版社, 2025. 6. -- ISBN 978-7-5713-5297-4

Ⅰ. C913.13

中国国家版本馆 CIP 数据核字第 20258BL458 号

婚姻危机心理学

著　　者	乐子丫头
责任编辑	沙玲玲　张　润
责任设计	蒋佳佳
责任校对	罗章莉
责任监制	刘文洋
出版发行	江苏凤凰科学技术出版社
出版社地址	南京市湖南路 1 号 A 楼，邮编：210009
出版社网址	http://www.pspress.cn
印　　刷	南京新世纪联盟印务有限公司
开　　本	889 mm × 1 194 mm　1/32
印　　张	8.75
字　　数	230 000
版　　次	2025 年 6 月第 1 版
印　　次	2025 年 6 月第 1 次印刷
标准书号	ISBN 978-7-5713-5297-4
定　　价	58.00 元

前言

婚姻危机也是人生危机

传统社会中，婚姻的主要目的就是传宗接代和家族延续，夫妻之间有没有感情并不重要。而今随着社会发展，人们越来越注重三观合拍、灵魂共鸣这些精神层面的东西，但传统婚姻里的刚性义务却依然存在。

当代婚姻面临着传统功能捆绑与现代情感诉求的结构性矛盾。很多人既希望配偶能参与经济协作、共同抚育子女，又希望配偶能满足自己的情感需求，从婚姻里获得丰富的情感体验。然而，“风花雪月”和“柴米油盐”或许本身就有所冲突。

当丈夫拖着疲惫的身体下班回家，期盼着妻子能送上“心灵按摩”时，殊不知妻子亦是满身倦意，也期待丈夫能提供一些情绪价值。可晚饭谁来做？脏衣篓里的袜子谁来洗？孩子的功课谁来辅导？长辈的抱怨谁来安抚？夫妻二人就像两块同样剩下5%电量的充电宝，紧贴在一起却根本充不上电。

过去我们认为婚姻不幸的人才出轨，如今却发现许多婚姻幸福的人依然会出轨。公司茶水间的咖啡闲聊，比家里两小时的对话更治愈；游戏里陌生人喊声“哥哥救我”，比配偶说了十年的“晚安”更令人心动。当生活琐碎磨平激情，当伴侣不再符合预期，当外界诱惑不断勾起欲望，谁来负责守护日渐脆弱的婚姻？

纵观历史，男人仿佛有出轨特权。各种生物学和演化论也在为这一特权提供理论支持，试图证明出轨是雄性动物的本能。直到女性纷纷走出家庭、走上社会，和男人一样接受教育、参加工作，人们才发现原来出轨并非男性特权。只不过长久以来，女性被禁锢在家，既缺少出轨的机会，也承受不了被丈夫和家族抛弃的代价。因此，对于出轨行为，她们总是遮遮掩掩，不像男人那般理直气壮，甚至将其当作炫耀的资本。

而今时代不同了，独立自主的女性不再需要依附男性生存，面对丈夫的背叛，她们也不再选择隐忍。越来越多的女性敢于提出离婚，不愿在糟糕的婚姻中委曲求全。可与此同时，她们也对婚姻本身充满困惑：换个男人就不会出轨吗？他能出轨，我为什么不能？如果我们都不必忠于对方，那还要婚姻做什么？

尽管当代女性拥有不惧离婚的底气，但她们当中的许多人依然不清楚该如何处理婚姻危机。看着年幼无辜的孩子和支离破碎的家庭，她们在爱情与现实之间、痛苦与尊严之间、离婚与不离婚之间反复挣扎。婚姻不是女性实现自我价值的唯一途径，但婚姻危机往往也等同于人生危机，处理不当就会对人生产生重大影响。

婚姻危机当然不仅局限于婚外情。财务困境、性生活不和谐、婆媳矛盾、夫妻在育儿和教育观念上的分歧等问题，均可能成为婚姻危机的诱因。然而，在现代社会的背景下，许多婚姻危机最终都以婚外情的形式爆发出来，这一现象值得深思。

在过去几年里，笔者相继出版了《恋爱心理学》和《婚姻心理学》两本书，从女性视角深入剖析恋爱与婚姻中的心理现象，受到了广大读者的好评，并在两性类书籍销量榜上长期占据前列。

十几年的“倾听生涯”让笔者接触到许多真实的婚恋案例，如果说前两本书的内容是从各种案例中提炼和总结出来的实用攻略，那么这本书则是帮助女性看清婚姻危机的真相，探讨婚姻危机的处理方法。

如果你正面临人生的至暗时刻，本书或许可以助力你找到答案，促使你做出更适合自己的选择；即使你没有遭遇婚姻危机，笔者也希望本书能给你一些启发，让你能防微杜渐，从而更好地经营亲密关系；假如你已挥别过往，那么本书可以助你与自己和解。

愿你抛开对错，放下情绪，勇敢跨越挫折，把人生的主动权掌握在自己手里。你要挽回的不是婚姻，也不是爱情，而是自己的人生。

目　录

第一章
男性出轨的因素

第二章
“萌芽期”，欲望潜滋暗长

第三章
“游离期”，进与退的一线之间

第四章
“修复期”，婚外情是婚姻的癌症

第五章
“脑疯期”，翻脸比翻书还快

第六章
“胶着期”，离不掉也过不好

第七章
收起委屈，风雨自渡

第八章
离婚，重新选择生活方式

第一章

男性出轨的因素

婚姻的悲剧，如同其他许多悲剧一样，在于一个人所看到的对方的一切并非全都是事实。

内部因素：惯性出轨者

王尔曼（书稿中的人名均为化名，如有雷同，纯属巧合）和丈夫陆志刚结婚 6 年，婚后陆志刚多次与其他异性建立不正当关系，每每被妻子察觉，他都会痛哭流涕地请求原谅，信誓旦旦地保证不会再犯。然而好景不长，短暂收敛过后，陆志刚又会故态复萌。王尔曼则像个侦探一般，时刻紧盯着丈夫的一举一动。

其实两人在恋爱期间，王尔曼就发现陆志刚私下与异性关系暧昧。但因为放不下这段感情，相信了“男人结婚以后就会收心”“有了孩子就会变成熟”等言论，王尔曼盲目进入婚姻。岂料婚后没多久，陆志刚又玩起老一套。

像陆志刚这样反复发生出轨行为，并频繁更换外遇对象的人，本书将其定义为“惯性出轨者”（不分男女）。这类人道德观念淡漠，追求出轨所带来的新鲜感和刺激感，难以在婚姻关系中长久保持忠诚。出轨对于他们而言，就像吸烟酗酒一般，反复成瘾且不易戒除。一些社会学家认为，这可能与性格特质、童年经历、权力关系等社会学因素，以及基因等生物学因素有关。

惯性出轨者的出轨动机是追求新鲜刺激，所以他们可能会频繁更换外遇对象。部分男性还会刻意扮演“好丈夫”“好父亲”，并用各种手段哄骗妻子，企图达到“家里红旗不倒，外面彩旗飘飘”的目标。这种“双面人”行为，往往让他们的妻子深陷困惑，但又迟迟无法下定决心离开。

按理说，惯性出轨者的出轨行为最容易被发现，可实际情况并非如此。一方面，那些经验丰富的出轨者很擅长掩饰；另一方面，如果伴侣没有及时离开这段婚姻，时间长了可能会选择接受现实，不再继续关注那些破事。这种心理防御机制被称为“心理隔离”，它使得人们能够避免持续的痛苦，通过将注意力转移到其他生活事务上，来降低对伴侣出轨行为的关注度。

付文琴的丈夫金建荣就是一名惯性出轨者，年轻时，付文琴为阻止丈夫出轨，也曾吵闹不休。但随着年纪增长，她慢慢接受现实，开始用一些传统的男尊女卑观念来安慰自己，比如“男人不管在外面怎么玩，只要回家就好”“成功男人没有不出轨的”，这种自我安慰让她暂时减轻了精神痛苦。于是长期以来，付文琴对丈夫的出轨行为睁一只眼，闭一只眼，想着：两人还有孩子，不管怎样他都会回家。

岂料金建荣 46 岁之际，遇到了一个比他年轻 12 岁的第三者。此女不仅容貌出众，还十分善于交际，她要求金建荣必须离婚娶她，不然就会投入别人的怀抱，并且承诺给他再生个孩子。

在美色的诱惑下，金建荣动了抛家弃子的念头。他向妻子谎称自己接到一个项目，需要大约 800 万元投资款，这几乎是他们的全部财产。然而，出于对丈夫的信任，以及受到他甜言蜜语的哄骗，付文琴竟然同意卖掉房产，并拿出积蓄支持丈夫投资，还为其贷款担保。

金建荣在收到资金后，立即进行了财产转移。一年后，他又欺骗付文琴说投资失败，欠下巨额债务，不想拖累她跟孩子。付文琴再一次听信了丈夫的谎言，为避免债务缠身，与其办理了“假”离婚手续。离婚后，金建荣以躲债为由搬了出去，实际上却是和第三者同居。

付文琴发现事情不对劲，跑去找金建荣要说法时，却被晾在门外。金建荣压根儿不理会她的痛哭哀号，声称两人现已毫无瓜葛。付文琴一切尽失，精神受到巨大打击。等冷静下来，她去咨询法律专业人士，想讨回财产，才发现金建荣步步算计，早设下许多陷阱。

对于惯性出轨者而言，他们的不忠行为往往并不隐秘，但旁人很难察觉出他们何时会动抛家弃子的念头。配偶长期处于自我麻痹的心理状态，比较容易放松警惕，并轻信他们的谎言，从而不仅在情感上遭受伤害，也在财产上蒙受损失。

因此，当遇到女性咨询者不愿离婚，且其丈夫存在惯性出轨行为的情况时，笔者通常都会提醒她在财产方面保持高度警觉性，并尽快寻求法律专业人士的帮助，采取合适的预防措施，以保护自己的合法权益不受侵犯。

有的妻子很想知道：如何才能让惯性出轨的丈夫重新忠于家庭。但实际上，他们的出轨行为与伴侣并没有直接关联，而是源于自身内在的因素。换句话说，伴侣即便非常优秀，非常努力地去经营婚姻，恐怕也无法阻挡这些人出轨的脚步。

一些惯性出轨者到了某个年纪，突然“浪子回头”，这种现象通常是由生理因素和心理因素共同作用的结果，包括但不限于生理机能的衰退（如性功能下降），以及心理认知的转变（如经历人生挫折后重塑价值观），但这不是必然会发生的事。

情感缺失：隐藏型出轨者

夏凡梅和丈夫杨昆杰系经人介绍认识。杨昆杰家境贫寒但努力上进，夏凡梅觉得他为人可靠，便不顾父母反对嫁给了他。婚后，在妻子的鼓励下，杨昆杰跳槽至热门行业，从基层做起，一步步升职到公司管理层，有了相对不错的收入。

朋友们都夸夏凡梅眼光好。可沉浸在幸福之中的她无论如何也想不到，一向忠厚老实的丈夫竟然会出轨，当她看到杨昆杰和陪酒女郎极为露骨的聊天记录时，被惊得目瞪口呆。

年轻时，杨昆杰缺乏吸引异性的资本。大学那会儿，他曾喜欢过一个漂亮女同学，鼓起勇气向对方表白却遭到拒绝。这次经历使杨昆杰的自尊心受到打击，不敢再轻易靠近异性，从而给身边人留下了“老实”“不近女色”的印象。

到了适婚年龄，家人开始催促他结婚。杨昆杰深知以自己的条件，漂亮女性根本看不上他，于是从务实角度出发，选择了相貌较为普通的夏凡梅。婚后勤劳贤惠的夏凡梅把家里打理得井井有条，几乎不需要丈夫操心，让杨昆杰得以将全部精力都放在奋斗事业上。

人到中年，事业上有了点成绩，杨昆杰的内心便不安分起来，想要弥补年轻时在情感上的缺失。由于这种缺失源于青春期，所以他更容易被年轻貌美的女性吸引，但又不敢表现出来。

直到某日，杨昆杰在酒吧邂逅了一个陪酒女郎，她长得和他大学时喜欢过的女生有几分相似。在看出杨昆杰对自己有好感后，陪酒女郎主动出击，猛夸他的工作能力强，并表示自己非常崇拜他。

杨昆杰沉迷于陪酒女郎的甜言蜜语中，不惜赠送大量金钱财物，与其长期保持不正当关系。后来，他又遇到了几个类似的异性，屡次三番把逢场作戏当真爱，只要对方能演绎出他所渴望的“年轻漂亮女人对我一往情深”的假象。

像杨昆杰这样看起来道貌岸然，内心却隐藏着不安定因素的人，笔者称之为“隐藏型出轨者”。他们的存在，如同冰山一角，表面平静，实则暗潮汹涌。与惯性出轨者追求新鲜刺激的动机不同，隐藏型出轨者的出轨行为往往和“情感缺失”有很大关系。简而言之，在年轻时缺乏资本去获取自己想要的情感体验，也没有形成成熟的婚恋观来化解这份缺失。

妻子们往往难以洞察这类男人的真实心态，因为他们不像惯性出轨者那样喜欢拈花惹草。相反，可能在相当长的一段时间内，他们持续展现出如“努力上进”“稳定可靠”和“对家庭有深厚责任感”等优秀品质。这种巨大的反差通常也会让婚姻伴侣难以接受，甚至产生强烈的自我怀疑。

在心理学领域，存在一种称为“光环效应”的现象，一个人的某种品质给人以非常好的印象，在这种印象的影响下，人们对这个人的其他品质也会给予比较好的评价。光环效应能成就人，也能欺骗人，刻苦努力不代表对感情专一，事业成功也不代表人品高尚。可一旦你爱上某个人，并在心里赋予他一些可能并不存在的优秀品质，就容易丧失警惕心。

与隐藏型出轨者类似的还有一种情况，即夫妻之间的情感基础较为薄弱。现实生活中，不是每一对步入婚姻殿堂的伴侣都是因为爱情，也有很多是基于现实考量而非情感的相互吸引，比如年龄的压力、社会的期待，或者是双方在物质条件上的匹配。

情感基础薄弱并不意味着婚姻注定失败。实际上，如果夫妻双方都具备真诚的态度和强烈的家庭责任感，他们完全有可能共同构建一个和谐美满的家庭，因为感情是可以在长期生活中慢慢培养的。

然而，有些人既做不到坦然面对世俗压力，又做不到对婚姻报以真诚态度，一边从务实角度出发选择婚姻伴侣，一边又遗憾没能体验到浪漫爱情。他们不愿轻易向伴侣敞开心扉，也没有足够的耐心和伴侣培养感情，而是被动地扮演着婚姻角色。由于这些人的情感需求长期得不到满足，婚后一旦遭遇诱惑，他们就很容易把持不住。

隐藏型出轨者和惯性出轨者的显著区别在于，他们的情感阈值比较低，因此更加容易对出轨对象“上瘾”。许多隐藏型出轨者都坚信自己在婚外关系中找到了真爱，这类人往往也是情感骗子们最喜欢下手的对象。

观念因素：人是会变的

在现代社会的道德观念中，出轨行为往往和人品问题挂钩，但人品本身是一个复杂且模糊的概念。假如一个人从未面临过诱惑，你要如何判断他能否禁得住诱惑？

其实，所谓的“人品好”，并不意味着没有人性的弱点或欲望，而是在面对诱惑时，能展现较强的自我约束能力。然而，这世上大多数人都是在努力抵抗诱惑、控制冲动的普通人。人品也不是一种与生俱来的、固定不变的特质。

王舒越和丈夫刘长亦结婚十年，育有一双可爱的儿女。两人工作稳定，生活安逸，王舒越感到非常满足。可让她没想到的是，刘长亦刚过完 36 岁生日，却突然萌生出前往大城市创业的念头。他反复游说妻子，并准备向单位递交辞职申请。

王舒越不赞同丈夫辞职创业，她联合公婆一起劝阻丈夫，希望他不要一意孤行。岂料从此以后，刘长亦像变了个人似的，对妻子冷暴力，对两个孩子也漠不关心。王舒越难以接受这样的变化，曾多次试图与刘长亦沟通。对方却说厌倦了一成不变的生活，觉得人生如同行尸走肉般毫无活力，尤其看到那些以前不如自己的同学接二连三发了财，心里感到很不服气。

刘长亦明确表示，如果王舒越不同意他去创业，那他宁可离婚也要去。为保住婚姻，王舒越只好同意丈夫的要求。从此夫妻分隔两地，她一人扛起照顾老人和孩子的重担。一开始，刘长亦还会主动关心家里的情况，到后来却越发冷淡，连生活费也不肯给了，推说自己创业资金紧张。

有天孩子生病住院，王舒越心急如焚，多次拨打刘长亦的电话均无人接听。好不容易接通电话后，她却听到一个女人的声音说：“他在睡觉，你待会儿再打来吧。”王舒越顿时呆若木鸡，她没想到丈夫身边竟然还有另一个女人。

原来刘长亦早在辞职之前就已经出轨了，他与第三者商量好双宿双飞，共同前往大城市创业。得知真相后，王舒越产生了强烈的自我否定情绪。她觉得第三者一定样样都比自己优秀，才会让丈夫不惜抛家弃子与之私奔。

然而，当刘长亦创业失败，穷困潦倒地回到家乡时，王舒越才知道第三者是个贪慕虚荣、挥霍无度之人，见刘长亦没钱就将他抛弃。与其说刘长亦迷恋第三者，不如说第三者更符合他当下的价值观。

年轻时，刘长亦像妻子一样享受简单温馨的家庭生活，可随着年龄增长，在周围环境和自身因素的影响下，观念开始发生变化。他不再满足于自己所拥有的一切，开始渴望财富，渴望权力，渴望得到异性的青睐，急于从他人的赞美中得到自我认同。

第三者恰好在此时出现，她巧妙地迎合了刘长亦的心理需求，不停吹捧他的能力，使他在自我陶醉中逐渐膨胀。刘长亦被第三者的恭维和崇拜迷住了眼，认为她是一位不可多得的红颜知己，理解他，支持他，没名没分也愿意陪他一起奋斗。相比之下，妻子则像是成功路上的绊脚石，不理解他，不支持他，不相信他有成功的能力。

实际上，支持刘长亦创业对于第三者来说是个无本买卖，他若成功，她可以跟着分一杯羹；他若失败，她也不会有什么损失。而作为妻子的王舒越却不同，她担负着婚姻和家庭的重要责任。

人在成长过程中，会形成独特的人生态度和价值观念，但这些观念并非一成不变。社会大环境以及周遭小环境，都有可能在潜移默化中影响和改变一个人。调查数据显示，男性出轨高发期在 32 岁至 45 岁之间。这个年龄段的男性，往往在事业上开始崭露头角，随着职位和收入的提升，心态也会发生微妙的变化。

一些男性可能会变得自视甚高。也许从前他们不会主动接近诱惑，现在却认为自己拥有花天酒地的资本，进而开始挑剔妻子“性格强势”“不理解自己”，不像外面那些莺莺燕燕温柔可爱。

然而，普通人的一生容错率很低。幼年时期成长，少年时期学习，青年时期步入社会，中年时期则是至关重要的积累阶段，积累健康，积累财富，积累与家人之间深厚的感情。

事业不会一直顺风顺水，精力也不会永远像年轻时那么旺盛。当我们逐渐步入人生后半段，才会深刻理解，真正的宝藏是那些无法用金钱衡量的财富：健康的身体、和睦的家庭。无论是伤害了身体健康，还是伤害了与家人之间的感情，都是难以修复的损失。

那些被欲望控制的人，忽视了生活的真谛，自欺欺人地认为自己永远不会走下坡路，肆无忌惮地挥霍着他所拥有的一切，将家庭责任视为负担，抛诸脑后，一步步摧毁掉自己的人生基石，逐渐沦为欲望的奴隶。

亲密关系里，最大的不确定因素在于人是会变的，外在环境会变，内心需求会变，思想观念也会变。在漫长的岁月中，我们很难及时洞察伴侣的变化，因为谁也看不到另一个人的内心，也许直到婚姻危机爆发时，才恍然发现对方已经变了个人。

婚姻是两个人的结合，但从某种意义上说，也是个人所选择的一种生活方式。每位女性都应该具备风险防控意识，在婚姻各个阶段为自己积累资本，才能以不变应万变。

婚姻里需要有两种能力，一种是经营婚姻的能力，另一种是离开婚姻的能力。

环境因素：近朱者赤，近墨者黑

李若岚的丈夫朱凯每周六负责接送孩子上兴趣班。他和另外三名学生家长组成一个小团体，不仅在孩子上课时一起喝茶聊天，还创建了一个专属于四人的微信群。一开始，李若岚并未在意此事，直到无意中发现这个小团体恰好由两男两女组成，群里经常发些边界模糊的暧昧笑话，这才让她觉得事情似乎有点不对劲。

于是李若岚提出以后由自己接送孩子上兴趣班，对此朱凯还有些不乐意，但李若岚的态度非常坚决。自从朱凯不再出现，原先活跃的微信群逐渐沉寂下来，本来都是些泛泛之交，联系少了自然渐行渐远。

不久之后，李若岚在送孩子上课的途中，目睹了一场风波。一名学生家长因怀疑配偶不忠，与另一名学生家长发生了严重的肢体冲突。随后，两人均被警察带走，地上留下一摊血迹。据了解，此次冲突的双方，正是之前群聊中的两位成员。

朱凯听闻此事后也感到非常震惊，面对两个家庭破碎的惨烈下场，他意识到之前的社交方式存在问题，庆幸妻子及时把自己从里面拉出来。其实以前朱凯也是懂得避嫌的，可自从那个小团体成立后，他就理直气壮地认为“别人都不避嫌，我有什么好避嫌的”。

一个人过马路时会遵守交通规则，一群人横穿马路时红绿灯就失效了，许多出轨行为都和从众心理有关。

常言道“近朱者赤，近墨者黑”，有些人在原本简单纯朴的生活环境中，并没有出轨的心思。然而，有一天，他们换了一份新工作，或者结交了一群新朋友，周遭都是些不安于家庭生活的人，思想可能就会逐渐受到影响。一开始，他们或许还能守住自己的底线，但随着时间的推移，当这些人融入新环境中，本来坚持的原则就容易慢慢松懈，产生“别人可以，我也可以”的想法。

在婚姻里，我们有必要时常留意另一半的生活状态，观察他平日都和哪些人交往，参加哪些社交娱乐活动。如果发现他身边可能存在对婚姻关系产生不良影响的人，就应采取适当措施，必要时直接阻止他与那些人接触，以确保婚姻关系的稳固与健康。

对婚姻影响最大的，往往不是相隔甚远的莫逆之交，而是生活中经常接触的人。比如每天见面的同事，下班后约上一杯的哥们儿，频繁互动的“牌友”“钓友”“游戏好友”等，这些人影响着当下的生活方式。经常性的社交互动可能会导致人们产生某种依赖，随着时间的推移，这种依赖还会转变成一种习惯。

对于那些一时半会儿摆脱不了的社交圈，如同事、亲戚等关系，应遵循“非必要不接触”的原则，我们应尽量减少与不良人士打交道的频率；与此同时，还可以适当增加家庭活动，鼓励伴侣多与品行端正、有良好道德修养的人交往。

而对于一些娱乐性质的社交活动，我们可以考虑适当保留娱乐项目，但务必要求对方远离那些不良的交友圈。具体来说，如果在某个游戏中遇到品行不端的人，可以选择更换一个游戏来玩；如果在钓友中存在品行不端的人，可以选择更换一个钓鱼地点。除此之外，还可以积极探索其他娱乐方式，最好能让夫妻双方共同参与其中。

成年人的社交生活往往表现出一种明显的“阶段性”特点。原本朝夕相处的同事，会因为跳槽渐行渐远；曾经每天见面的邻居，会随着搬家失去交集；那些在游戏中并肩作战的网友，或许只要换个游戏平台就不再联络。随着接触频率降低，彼此之间的影响也会显著减弱。

很多人持有这样一种观点：“伴侣人品好，自然会洁身自好；

人品不好，你去管他也没用，管得了一时，管不了一世。”这种想法既对也不对。

倘若一个人的本性存在问题，别人确实很难改变他，比如那些惯性出轨者。然而，生活中还有很多普通人，他们对环境的判断力不强，容易在潜移默化中受到不良影响。

我国古代有一个著名的故事——孟母三迁。孟母为了给儿子提供一个良好的成长环境，三次搬家，最终选择了学校附近。这个故事告诉我们，环境对一个人的影响是巨大的。

婚姻是一个整体，当其中一方的行为偏离了健康的轨道，其负面影响可能会波及整个家庭，对家庭成员造成无法估量的伤害。这不仅限于情感，也可能涉及经济、心理甚至子女的健康成长。因此，对于伴侣和不良人士交往的情况，我们不能视而不见，更不能轻易妥协。

外部因素：危机乘虚而入

人有两种情感需求，一种是长期、稳定、安全的，称为“依赖”；另一种是短暂、刺激、轻松的，称为“激情”。在亲密关系建立的最初，依赖和激情可以同时拥有，那时双方心心相印，又对彼此充满新鲜感。然而随着时间的推移，关系变得越来越稳定，也许依赖并没有减少，激情却不再像当初那样强烈。

在一段健康的亲密关系里，激情不会永远消失，它可以反复出现。有的是两人一起精心策划的，有的则在不经意间产生，比如“小别胜新婚”。但当亲密关系逐渐恶化时，激情就很难出现了。一开始，夫妻双方可能并没有察觉到问题的严重性，因为一切看起来都很正常，彼此依旧扮演着婚姻关系里的重要角色。生活琐碎掩盖了情感矛盾，而这正是婚姻危机的可怕之处。

凌菲和丈夫汪宇山是大学同学，两人从校服到婚纱，一路十分恩爱。结婚第二年凌菲便怀孕了，孕期丈夫体贴入微，婆婆炖着各种补汤，让她沉浸在孕育新生命的喜悦里。然而，这份喜悦只持续到孩子出生，凌菲便再也开心不起来，她没想到照顾新生儿这么麻烦，加上婆婆控制欲强，总是要求听她的安排，致使凌菲情绪非常糟糕，对丈夫也充满抱怨。

那段时间，凌菲将大部分注意力都放在育儿这件事上，汪宇山感到自己被忽视，却不知如何去跟妻子沟通。一方面，他对妻子的抱怨心有余悸；另一方面，凌菲屡次三番拒绝性生活，让他自尊心受挫，从此对情感需求懒于启齿。夫妻关系陷入恶性循环，亲密感逐渐消失。

在一次偶然的机会下，汪宇山结识了名叫袁媛的离异女性。起初，他们的交流仅限于在微信上聊聊工作、聊聊家常。袁媛耐心地倾听汪宇山的烦恼，让一直在婚姻中沉默寡言的汪宇山找到了被人理解的感觉。随着交流不断深入，他们的对话逐渐演变为每天“早安”“晚安”的问候，气氛也开始变得暧昧不清。

面对袁媛的主动表白，汪宇山最终没能把持住自己，他开始逃避婚姻，并将袁媛当作情感出口。这段婚外情维持了半年多，直到凌菲意外发现了他们的聊天记录，汪宇山才幡然悔悟。为了挽救婚姻关系，夫妻双方决定共同寻求婚姻咨询师的帮助。

咨询师问汪宇山："你爱第三者吗？"

汪宇山回答："我认为自己并不爱她，从始至终都爱着妻子。"

凌菲大声质问："爱我还出轨别的女人？"

咨询师帮助她冷静下来。

咨询师问汪宇山："你从第三者身上得到了什么？"

汪宇山回答："聊天和陪伴。"

咨询师问："还有性？"

汪宇山回答："只有过一次亲密接触，内心压力太大，中途停止了，后来刻意疏远过一段时间，直到和妻子吵架，又忍不住把她（第三者）当成倾诉对象。"

咨询师问："也就是说，比起生理上的满足，你更在意聊天和陪伴？"

汪宇山回答："是的，可以这么说。"

咨询师问："妻子不能陪伴你吗？"

汪宇山回答："以前我和凌菲是无话不说的，但有了孩子以后，距离越来越远，我觉得她爱孩子胜过爱我，我想过夫妻生活的时候，她也总是拒绝。"

咨询师问："你和妻子沟通过这些问题吗？"

汪宇山回答："沟通过。"

咨询师问：“怎么沟通的？”

汪宇山回答：“有时会开玩笑说自己欲求不满，有时会抱怨。”

咨询师问：“也就是说，并没有理性沟通过，是吗？”

汪宇山回答：“是的。”

咨询师问凌菲：“你同意汪宇山的说法吗？爱孩子胜过爱他？”

凌菲反问：“母爱和爱情怎能相提并论？”

咨询师问：“你为什么拒绝性生活，可以说说吗？”

凌菲回答：“因为我太累了，白天要工作，下班以后还要带孩子和应付婆媳矛盾，对性生活根本提不起兴趣。”

咨询师问：“汪宇山没有参与家务和育儿吗？”

凌菲回答：“他确实参与了，但因为孩子比较黏人，几乎每天都要我哄睡，这占用了我很多精力。”

咨询师问：“你和汪宇山沟通过这个问题吗？”

凌菲回答：“我告诉过他我非常累。”

咨询师问：“你希望他怎么做？”

凌菲回答：“如果他能负责把孩子哄睡，让我充分地休息放松，白天多关心我一下，制造一些浪漫和惊喜，我想我会愿意过夫妻生活。”

咨询师问：“你觉得他不关心你、不浪漫吗？”

凌菲回答：“以前他每天都会给我发很多信息，但现在却很少关心我，节日和纪念日也没有任何礼物。”

咨询师问汪宇山："是这样吗？"

汪宇山回答："是我的错，可能因为争吵太多，致使我不愿主动与妻子交流，害怕得到的是抱怨和指责，在一起时间长了，也懒得再去制造浪漫和惊喜。"

咨询师问凌菲："现在你能理解丈夫的行为了吗？"

凌菲激动地说："当然不能！在这段婚姻里，我也感觉不到爱的存在，但我为什么没出轨呢？你说我拒绝性生活，可你有没有想过，我也是一个女人，也需要爱情的滋润，你却把时间和陪伴都给了别人！"

这个案例具有一定的代表性。在现实生活中，有许多夫妻在婚外情发生之前，已经失去了情感上的交流。然而，他们并没有意识到问题的严重性。凌菲和汪宇山便是如此，如果不是因为婚外情的暴露，给夫妻双方提供了一个深入交流的机会，他们或许永远不会知道对方内心的真实感受。

并非所有出轨者都追求新鲜刺激，某些情况下，他们确实可能源于情感上的空虚与不满，当然这绝不能成为出轨的理由。每段婚姻都会有闹矛盾的时候，夫妻感情也很难始终甜蜜如初，有人及时沟通并解决问题；有人像凌菲那样压抑情感需求，把注意力转移到孩子身上；有人则把婚外情当成了逃避婚姻问题的出口。

在亲密关系里，有三个关键要素：分享欲、深度陪伴和性。

如果夫妻之间长期缺少交流、陪伴和性生活，那可能意味着感情出现问题。遗憾的是，许多婚姻危机都隐藏在日常环境的变化中，让人难以及时察觉和应对。

拿凌菲和汪宇山这对夫妻来说，假如在“二人世界”时交流、陪伴减少，他们肯定会察觉到感情出现问题，哪怕为了感情大吵一架，也能让彼此敞开心扉。然而，孩子出生以后，感情矛盾被掩藏在生活矛盾之下。他们为了育儿琐事吵架，为了婆媳关系吵架，并不自觉地把各种矛盾都归结到感情问题上，产生如“你不爱我”“你不体贴我”“你不理解我”“你不维护我”等主观感受。谁都不愿再去和对方沟通，亲密关系迅速恶化。

夫妻感情并非一夜之间消失无踪，而更像是温水煮青蛙的过程，悄无声息地被日常琐碎逐渐消磨。在这个过程中，外部诱惑变得更具吸引力，可能是来自同事的关心，可能是社交媒体上的虚拟互动，甚至可能是一次异性之间的正常接触。这些诱惑在情感空缺的背景下被急剧放大，使得原本稳固的夫妻关系面临挑战。

随机因素：需求可以被创造

在深入剖析众多婚姻破裂的案例后，笔者发现了一个让人感到沮丧的现象：有些出轨行为是随机性的。这些出轨者既不追求新鲜刺激，也没有明显的情感缺失，他们甚至与伴侣之间有着深厚的感情基础，内心仍然渴望家庭生活。这些人原本认为自己会对婚姻保持忠诚，然而在某一天，却无法自拔地陷入婚外情。

陈祖源的妻子是一名忙碌的护士，经常需要值夜班，他担心妻子下班路上不安全，所以不管多晚都会去接她。有天夜里，陈祖源正等着妻子下班，随意浏览了一下网站，在评论社会热点话题时，和一名叫“豆芽儿”的网友发生争执。

两人随后互加了社交账号，继续进行辩论。陈祖源这才知道对方是一位刚实习不久的女大学生，而且还是一个“晚睡专业户”。于是，每当妻子上夜班的时候，他就会和“豆芽儿”聊天，以打发时间。

陈祖源并没有向对方透露自己的真实身份，而是虚构了一个“大叔”的角色，他不认为两人会在现实中产生交集。然而，随着聊天的频率越来越高，“豆芽儿”吃了什么好吃的、玩了什么好玩的都会和他分享，还会拍各种各样的照片发给他。陈祖源一天收不到信息，就好像缺了点什么。

就这样聊了几个月后，有一天，“豆芽儿”说要来陈祖源所在的城市旅行，问“大叔”能不能请她吃顿饭。那天正好赶上妻子值班，陈祖源便鬼使神差地去了。见到“豆芽儿”后，陈祖源被对方身上那股青春洋溢的活力深深吸引，他们一起逛街、品尝小吃，一路上欢笑不断。

晚上，陈祖源把“豆芽儿”送回宾馆后，就匆匆忙忙赶去接妻子下班。路上，他收到“豆芽儿”发来的消息，说好像喜欢上他了。陈祖源出于心虚，没有立刻回复，但由于内心的谴责，最后还是向“豆芽儿”坦白了自己已婚的身份。听到这个消息后，“豆芽儿”质问他：“为什么已经有了老婆，还要来招惹我？”

陈祖源以为和“豆芽儿”的缘分就此结束，没想到第二天收到一条消息说：“大叔，我要走了，能最后见一面吗？”他这才恍然大悟，原来对方是专程为他而来的。

在火车站的熙熙攘攘中，陈祖源看到了满脸泪痕的女孩，那一刻，所有感情都沸腾起来，他们情不自禁地拥抱在一起。

此后，两人偷偷见了一次又一次。然而，纸包不住火，陈祖源的妻子终究还是发现了这段不轨之恋，伤心欲绝的她选择打掉腹中的胎儿，坚决与陈祖源离婚。

但最后，陈祖源和“豆芽儿”也并没有走下去，新鲜感褪去后，他们发现彼此根本不合适。陈祖源失去了幸福的家庭，失去了曾经深爱的妻子，失去了尚在腹中的孩子，也失去了第三者。倘若时光可以倒回，他不会去见那个女孩，可惜没有如果。

有人第一次抽烟，并不是为了寻求叛逆，只是因为随手接过室友递来的一根烟。一位年轻女孩陪朋友去文身，文身师说：“你在那里等着挺无聊的，不如也文一个吧。”于是她身上多了块刺青。

需求可以被创造，有些东西一旦沾染上就很难摆脱。吸烟容易戒烟难，文身容易清洗难，婚外情同样如此。

某些男性因为工作需要，比方说接待客户，又或者是出于好奇心，在朋友的怂恿下涉足“夜店”“KTV”“酒吧”等娱乐场所，并接触到一些非法的陪侍服务，如“陪酒”“陪唱”等。

最初，他们认为自己拥有足够的定力，只是唱唱歌、喝喝酒而已，不会发生什么过分的事。甚至包括他们的妻子，可能都没有把这一行为看得非常严重，而是选择信任自己的丈夫。

然而，一旦涉足过这些地方，欲望就有可能被调动起来，一点点诱惑都会变成非常大的诱惑。去的次数多了，价值观就会受到影响，气质也会发生改变，有些原本积极向上、拥有良好道德品质的男性，竟然也呈现出令人不悦的“油腻”特质。

有道是：“常在河边走，哪有不湿鞋？”不想湿鞋的话，从一开始就不应该去河边。

在上述案例里，陈祖源有大把机会悬崖勒马，比如说，他可以停止跟对方聊天，不去见那个女孩，不去车站告别，告别后不再联系。但贪婪像个疯狂的引擎，促使他一次又一次越过界限。得不到控制的欲望如野草般疯长，侥幸心理则像一针麻醉剂，让出轨者逐渐丧失理智，最终坠入欲望的深渊。

爱、道德观和责任感，能够在人的内心深处构建起一道自我约束的防线。然而，在婚姻生活中，仅仅依靠自我约束是远远不够的，还需要制定规则，对人性进行约束。

恐惧和敬畏，这两种看似负面的情绪，实则在人类的道德构建和理智决策中扮演着至关重要的角色。它们如同内在的警示系统，提醒我们在面对诱惑和风险时保持警惕，避免因短视而陷入困境。

在婚姻生活中，夫妻双方应该尽早确立清晰的行为界限，建立起坚定的规则意识。这不仅能让双方清楚地知道哪些行为是被允许的，哪些是被禁止的，还能让对方明白，一旦逾越了界限，就必须承担相应的后果。

第二章

『萌芽期』，欲望潜滋暗长

爱无声，欲望震耳欲聋。

分享欲转移

在探讨婚外情发生的潜在因素时，我们发现大多男性的情感需求没有女性那么强烈，对于情感的感知力也没有女性那么丰富细腻。他们身上通常存在两个问题，会导致婚外情发生：一是缺乏明确的“边界感”，二是抱有侥幸心理。

人的成长环境各不相同，对亲密关系的理解也存在差异。然而，在人际交往中，由于投射效应的存在，我们时常会将自己的情感、意志和特性不自觉地投射到伴侣身上，从而产生推己及人的认知偏差。

在现代社会的婚姻关系中，一个经常引发争论的话题是：婚后是否应该与异性保持一定的距离?

一部分人坚信，婚姻的承诺意味着与异性的社交互动应该有所限制，以避免引发不必要的误解或感情纠葛。他们认为，伴侣应该自然而然地理解并接受这种观点，当发现对方与异性交往过于亲近时，他们可能会感到愤怒和失望，甚至可能因此爆发激烈的冲突。

然而，这种情绪反应往往基于一个假设，即所有人都应该共享相同的“边界感”。实际上，每个人对于什么是适当的异性朋友关系，什么是越界的交往，都有自己的理解和标准。

当一方为此大发雷霆，而另一方不认为自己有错，他们可能会反驳说:“我们只是聊聊天而已。”“我难道不能有异性朋友吗?”事实上，夫妻二人的“边界感”并不相同，只是在问题发生前，双方根本没有意识到这一点。

差异性在任何关系中都是不可避免的，尤其在亲密关系中，这种差异性可能会带来挑战，但并不必然破坏关系的稳定性。关键在于，双方是否愿意并能够进行深度的沟通，以寻找共同的解决方案，即建立“边界感”。

以夫妻关系为例，当一方认为婚后不应与异性过度亲近或频繁聊天，另一方却认为这是正常的社交行为时，那么问题就出现了。这种差异可能会引发猜疑、冲突，甚至破坏信任。然而，如果彼此能够开放地讨论这个问题，尊重对方的感受和观点，那么就有可能找到一个双方都可以接受的“度”。

这个“度”可能是一个具体的界限，比如规定聊天的内容不得涉及私人话题，不能过于频繁，或者在与异性交往时需要保持一定的透明度，让伴侣了解情况。这个“度”也可以是一种原则，即双方都应尊重对方的舒适区，避免让对方感到不安或被忽视。

然而，许多夫妻对此并未进行过深入的探讨。他们可能在日常生活的琐碎中相濡以沫，却忽视了建立清晰、共同认同的相处规则。这种情况很大程度上为关系埋下了隐患，因为没有明确的指导原则，一些人可能会抱有侥幸心理，不断地试探对方的底线，试图在模糊地带寻找自我利益的最大化。

有的丈夫今天跟女同事聊聊天，明天和女同学吃个饭，与此同时，他们会留心观察妻子的反应。如果妻子没有立即表现出强烈的不满或疑虑，他们可能会误以为自己的行为是被接受的，甚至认为妻子对此并不在意。

当妻子终于忍无可忍，明确表达出对这种行为的不满时，一些丈夫可能会感到困惑和冤枉。他们反驳说：“上次我跟谁谁谁吃饭，你不是没意见吗？”“上次我和谁谁谁聊天，你不也没说什么吗？”这样的反应，往往源于他们对之前妻子“沉默”的误解，认为这代表了默许或接受，而忽视了妻子可能是在默默忍受，或者是在寻找合适的机会来表达自己的感受。

侥幸心理，如同一颗悄然生长的种子，一旦萌芽，便会在无形中不断膨胀。一次的侥幸可能被视作偶然，但一次次的放任，就会让这种偶然逐渐演变成习惯，甚至成为一种无意识的行为模式。

这就是为什么我们要强调规则前置的重要性。当你发现伴侣在“边界感”上有所欠缺时，不应视为小事一桩，轻易放过。相反，这是一个需要立即严肃对待的问题。你可以选择一个适当的时机，严肃认真地与其进行沟通，不仅要表达你的不满，还要与其寻求共识，并制定出适用于双方的规则。

如果丈夫坚决认为自己没有问题，并且不愿和妻子达成共识怎么办呢？妻子可以试试“照镜子”策略。其核心理念是通过模仿对方的行为，让他们从第三方视角看到自己的行为模式。这个策略并不是鼓励报复性的模仿，而是以一种非攻击性、开放性的方式，让对方体验到自己的行为可能带来的影响。

例如，妻子可以适当地增加与异性朋友的交往，如约他们共进午餐，或者分享一些日常的聊天内容，并且光明正大地把这些行为告诉丈夫，当着他的面夸奖对方“风趣幽默”“很有思想”，看看他是什么反应。男人只要爱你，就会有占有欲，不妨等他主动来找你沟通。没有人可以强迫另一个人反省，只有害怕失去的人才会主动反省。

值得一提的是，婚外情更容易在熟人之间发生。熟人之间有了正当的理由，联系起来也觉得顺理成章。最初他们或许是在聊正事，无意间分享对人、物、事的看法，慢慢地，话题越来越多，开始分享日常生活，互相倾诉感受和情绪。

回想一下，我们跟伴侣热恋的时候，是不是也会从早聊到晚？感情培养正是建立在大量聊天的基础上，你跟谁分享，就会跟谁产生默契，对方了解你的日常生活，知道你的喜怒哀乐，自然会让你觉得特别亲密。到后来，感情会随着分享欲发生转移。

事实上，在婚姻关系中，即使不存在第三者的介入，夫妻之间也很难始终保持旺盛的分享欲。

一方面，在长期的共同生活中，双方的喜好、习惯，甚至思维方式都可能被对方了如指掌。这种熟悉带来了舒适感，同时也可能导致新鲜感的流失。正如一句古老的谚语所说：“熟悉的地方没有风景。”

另一方面，夫妻的日常生活中充斥着工作压力、家务劳动、子女教育等问题，这些鸡毛蒜皮的琐事可能会引发双方冲突。当夫妻之间产生矛盾时，恐怕就不愿再和对方分享。

但只要双方还有感情，并且没有外部因素的干扰，分享欲早晚还会回来。譬如一起辅导孩子学习的时候，商量家庭出游计划的时候，话题自然而然就来了。婚姻本身就是一种长期稳定的亲密关系，夫妻双方在漫长的岁月中相互陪伴。然而，当第三者出现之后，分享欲可能就回不来了，因为它转移到了别人身上。

在婚外情早期，许多男性拒绝承认自己心怀不轨，他们并不认为分享欲的转移和出轨有关。部分丈夫甚至会主动向妻子展示和异性间的聊天记录，以证明自己的清白，无非就是吃了什么、喝了什么、看到什么好笑的视频、遇到什么有趣的事情，有些人还频繁提及妻子和孩子，因此觉得自己十分光明磊落。

然而，婚姻的主旋律就是生活。倘若连日常生活都拿去和别人分享，夫妻之间还有多少共同话题呢？丈夫在婚外有了可以分享的对象，同妻子之间的交流就会减少。有些妻子能明显感觉到自己被冷落，但不知道怎么去和丈夫沟通，只能通过频繁提及“做家务”“带孩子”等实际问题来表达她们的不满。

这些话题不仅是她们日常生活的重担，也是她们希望得到丈夫关注和理解的象征。然而，这种间接的沟通方式往往无法达到预期的效果。丈夫可能会误解为妻子在抱怨或指责，这反而会引发他们的防御心理，使他们更加不愿意进行深入的交流。

和情人聊天是愉悦轻松的，和妻子交流却火药味儿十足。这让男性出轨者们产生一种错觉，误以为情人比妻子“更懂他”“更理解他”，简直就是失散在人间的灵魂伴侣。

男性被描述为两性关系中的“狩猎者”，在感情中最让男人感到兴奋的往往不是确定对方心意的那一刻，而是极具暧昧的拉扯过程。如同猎人追逐着猎物，小心翼翼地靠近和试探，每一次有可能的回应都让他们激动不已。

在婚外情的“萌芽期”，许多男性抱有一种侥幸心理，认为自己能够在情感的边缘游走，他们只想浅尝辄止，并不想为此付出昂贵代价。然而，他们高估了自己的定力，也低估了婚外情的诱惑力。只要继续游走下去，迟早有一天会从猎人变为欲望的猎物。

婚外情的特殊魔力

不少局中人把婚外情描述得“凄美绝伦”“相见恨晚”，但实际上，感情最初是没有厚度的，没有一起生活的经历，也没有习惯和依赖，有的只是新鲜感。因为陌生，所以觉得新奇，可以把对爱情的各种幻想，毫无顾忌地投射到对方身上。

笔者曾经接触过一个女性出轨案例，当事人原本有着幸福的家庭，还有着不错的学历和工作，可她却在学车的时候出轨驾校教练。教练对别人都凶，唯独对她关爱有加，久而久之，她不禁沦陷于这种偏爱中。

东窗事发后，婚姻濒临破碎，她才意识到驾校教练的学历、收入都明显不如丈夫，还有种种不良嗜好。倘若在婚前遇到这样的男人，她肯定会无动于衷。就是因为没当作结婚对象来考察，才完全忽略了对方身上的缺点，也不用考虑任何现实问题，一门心思享受谈情说爱。

其实，大多数普通人找的第三者，其综合条件往往并不优于他们的婚姻伴侣，或者在某些方面存在着显著的不足。试想，一个拥有正常道德观念的人，怎么会去破坏别人的家庭？再说，如果能找到条件更好的婚恋对象，又为何要去做一个普通人的第三者？当然，这里要排除一种情况，就是出轨者隐瞒已婚身份和第三者交往。

婚外情有一种特殊的魔力，它并不来源于第三者，而是来源于一个著名的心理学概念，即“禁果效应”。“禁果效应”源自《圣经》中的故事，亚当和夏娃被禁止吃知识树上的果实，但这种禁令反而激发了他们的好奇心，最终导致他们违背神的命令。

在现实生活中，这个效应也常常出现，特别是在人际关系中。当某件事情被明令禁止，人们往往会产生更强烈的欲望去尝试，尤其是当这种禁止涉及个人自由和选择时。所谓“不禁不为，愈禁愈为”，偷偷摸摸去做的事会让人觉得特别刺激，从而忍不住反复踏入禁区。

◆ “你片刻属于我，却又不完全属于我。”

◆ “我已经有了婚姻，不能给你什么。”

◆ “你可能随时会离开我。”

这种若即若离的情感拉扯，夹杂着征服欲、占有欲和保护欲的冲动，不断制造出激情，令出轨者欲罢不能。越得不到就越想得到，越不能拥有就越想拥有，很多人第一次接触婚外情时的痴迷程度远超过正常恋情，但这并不代表他们与第三者之间的感情有多么深刻。

有位男性不安分，跟已婚女同事在工作中经常打交道，一来二去发展出婚外情。妻子发现后给了改正机会，责令他与第三者立刻分开，然而他却忍不住和女同事藕断丝连。妻子感到非常失望，于是果断决定离婚。岂料离婚后，这名男性在公司里如同躲瘟疫般，处处躲着第三者。

失去已婚身份的加持，婚外情的丑陋立刻浮出水面。离婚前，第三者是一个不介意他有家庭，不惜背叛丈夫也要与其相爱的女人；可离婚后，他就成了单方面的“男小三”，因为勾搭别人的老婆，导致妻离子散的愚蠢男人。

没有婚姻哪来的婚外情？偷情的快感往往来源于“偷”而不是“情”，除了“禁果效应”，距离产生美也是让人魂牵梦萦的重要原因。婚外情不用承担责任，不用面对日常生活的琐碎，只有风花雪月，没有柴米油盐，它给了当事人无限遐想的空间。

一位丈夫向妻子交代出轨经历时称，第三者长得非常漂亮，并且有很多追求者。可当妻子深入了解后却发现，第三者长得并不漂亮，丈夫也说不出所谓“很多追求者”中的任何一个。

起初妻子以为丈夫故意吹牛，经过一番追问，她发现丈夫在他自己的脑海里植入了一些本不存在的信息，并对此深信不疑。比如，他说第三者从小学习芭蕾，但实际上对方压根儿就不会跳舞，只是在朋友圈里发了一张观看芭蕾舞表演的照片，男性出轨者就立刻认定第三者拥有这样的才艺。

他把对于爱情的完美幻想投射到第三者身上：“有个女人深爱着我，长得漂亮又多才多艺，追求者众多却偏偏只爱我一个，为了我，她不惜背负骂名。”

许多女性出轨者也是这么幻想的，她们会把婚外恋人想象得非常优秀且对她一往情深。假如有朋友指出“他似乎并不怎么优秀，好像也没那么爱你”，那她一定会反驳说“不，你根本不了解他”。

出轨者不断自我催眠，他们不自觉地将婚外情描绘成了一幅美轮美奂的画卷，将第三者的形象理想化至极致，放大了那些可能微不足道的优点，同时，选择性地忽视了对方的缺点。

一些经历过婚姻危机的女性表示，她们可以明显察觉到丈夫在那段时间里“飘了”，他变得狂妄自大、不切实际，对待伴侣的态度也开始变得挑剔。因为有了第三者做对比，原本可以容忍的小瑕疵在他们眼中被放大，成为引发争吵的导火索。毕竟，妻子无论如何也打败不了丈夫脑海中所幻想出来的“完美对象”。

婚外情本身就是人性和欲望的投射。为什么婚前苦苦寻觅不得的真爱，结了婚却纷纷冒了出来，这难道不是一种讽刺吗？结了婚，我们依然有可能会喜欢上别人，但婚姻不是衣服，喜欢了就换，厌倦了就丢。

婚外情的信号

婚外情虽然在初始阶段具备较强的隐蔽性，但男人一旦深陷其中，还是会露出蛛丝马迹。

● 夫妻交流开始不同频率

当一个已婚人士开始寻找外部的情感满足时，他可能会逐渐减少与伴侣的深度交流。例如，原本习惯分享日常琐事的一方突然变得沉默寡言，或者对伴侣的关心和询问表现出不耐烦。私下相处时，他显得心不在焉，有时主动找他分享也得不到回应。

随着婚外情的发展，男性出轨者在婚姻里分神的时间越来越多，冷暴力也会越来越频繁。

● 通信工具不离身

在当今社会，手机已成为人们日常交流不可或缺的工具。根据一项由英国《数字趋势》杂志进行的调查，超过 60% 的婚外情行为是通过电子设备进行的。

男性出轨者可能会把手机看得很紧，生怕被妻子发现出轨痕迹，还可能把手机铃声设置成静音、修改开机密码、申请聊天小号，甚至可能在办公室抽屉里藏着另一个手机。

● 晚归和出差的频率增加

如果丈夫开始频繁地加班、出差或者有无法解释的消遣活动，这可能意味着他们在外面有妻子不知道的生活。此外，男性出轨者普遍具有逃避家庭的心理倾向，即便没有特殊活动，通常也不愿意待在家里。

一来，他们多少有些愧疚感，不好意思面对妻子；二来，他们想和第三者保持频繁的联系，就算不见面，也会发信息、打电话，在家里，这样的行为容易暴露；三来，由于他们的长期冷漠和逃避，夫妻矛盾肯定不会少，这也使得他们对回家感到厌烦。

● 社交账号“小动作”不断

某些男性在出轨之前对社交账号的维护可能并不热衷，然而，他一旦陷入外遇，就会开始频繁更新个人状态、更换头像、刷新运动纪录等。目的就是吸引第三者的注意，引发两人的聊天话题。

● 冷暴力后偶尔示好

由于愧疚心理的驱使，男性出轨者可能会冷不丁地做些事情来弥补对妻儿的冷落。比方说，他可能会主动提议全家去旅行，在纪念日给妻子送上惊喜，公开表达对妻子的感激等。这些行为同时也带有一定的迷惑性。

在婚姻关系中，我们常常难以明确区分冷暴力与新鲜感消退后的自然状态。因此，当你察觉到夫妻之间可能存在感情问题时，建议多关注一下自身感受。假如你在婚姻中感到孤独、无助，甚至恐惧，不应简单地将其认为“新鲜感消退”。

你需要深入思考一下，这种感觉是不是对方的持续否定和冷漠所导致的？自己的需求和感受是不是被长期忽视？尝试倾听自己内心的声音，关注自己的情绪变化，记录下可能的冷暴力行为，这些都是识别问题的关键步骤。

● 格外注重仪表

不少女性在回顾婚姻危机时都发现，丈夫在出轨以后表现出

“频繁照镜子”的行为模式。原本不修边幅的人突然开始注重个人形象，积极运动健身，购买男士香水、口气清新剂等以往不常使用的东西。

花销变大

即便第三者并不贪图钱财，婚外情也会产生许多额外支出，包括但不限于约会吃饭、住宿酒店、购买礼物的开销。不少妻子都是通过支付软件里的消费记录，发现了丈夫的出轨痕迹。有些男性出轨者还会偷偷存私房钱，或者注册一个妻子不知道的账户，以此避免婚外关系败露。

当然，不是说有了上述现象就一定和出轨有关，我们不可盲目猜忌，只能保持适度警惕。婚外情的发展往往像是一场悄无声息的风暴，即使是最敏锐的观察者，也可能无法完全阻止其势头。婚姻咨询机构的数据显示，超过 70% 的婚外情都是在伴侣不知情的情况下进行的，这充分说明了婚外情的隐蔽性和复杂性。

婚姻危机的阶段性划分

面对婚姻危机，许多女性倾向于寻找一个明确的分界线，例如将出轨行为分为“精神出轨”与“肉体出轨”两种类型，以便做出“原谅”或“离婚”的决定。这种二元对立的思考方式在一定程度上简化了问题，却忽略了危机的复杂性。也许对方并不寻求你的原谅，选择权也不一定在你手里。

亲密关系里，人们对于潜在危机的识别往往存在一定的“滞后效应”。妻子并不清楚丈夫到底经历了什么，也很难摸清他内心的真实想法，只能依赖于言语表达和一些蛛丝马迹来了解他的感受和经历。

然而，婚外情是一个动态的过程，它涉及多方的情感纠葛。在此过程中，每一方的心态都在不断发生变化，彼此之间还会互相影响。事实上，就连男性出轨者本人也不清楚，事情会朝着哪个方向发展，他被强烈的欲望所控制，行为不再受理性指导。

妻子若想在婚姻危机里占得先机，就需要置身事外，看清楚整个婚外情的演变过程，提前了解男性出轨者在此过程中的心理变化。只有这样，她才会知道什么情况下婚姻存在修复的可能性，什么情况下应该及时止损，什么情况下可以把握机会为自己和孩子争取权益保障。

经过对大量案例的深入追踪与细致分析，笔者发现男性出轨者在婚外情发展过程中，存在显著的心理演变轨迹。然而，妻子往往只能看到表面的行为变化，无法深入触及丈夫内心的真实状态。

这种心理演变轨迹的揭示，对于女性理解和处理婚姻危机具有重要意义。笔者依据男性出轨者在不同阶段的心理特征，将婚姻危机划分为："萌芽期""游离期""修复期""脑疯期"和"胶着期"。

"萌芽期"，顾名思义，是指婚外情发展的早期阶段。在此阶段，婚外情双方可能已经开始了频繁的交流，对话内容充满了暗示和暧昧的气氛，彼此之间的互动也显得格外亲密。男性出轨者沉浸其中，将这段关系视为一种情感上的调节，但他或许并没有想过要为此改变自己的生活。

“游离期”，是指男性出轨者在婚姻与婚外情之间徘徊不定的阶段。在此阶段，他们往往已经对第三者产生了深度依恋，这种依恋不仅限于肉体上的吸引，更深入情感层面，甚至可能涉及精神上的依赖。不少男性出轨者会在脑海中权衡离婚的可能性，但他们的妻子对此毫无察觉，依然生活在一种相对平静和稳定的婚姻假象中。

“修复期”这个概念是指，一些男性在经历婚外情后，经过内心的挣扎决定结束不正当关系，同时表现出想要和妻子修复婚姻关系的意愿。

然而，在婚姻危机中，回归家庭并不是一个必然会发生的结果。事实上，即使在某段时间内，男性出轨者选择回归家庭，也并不意味着婚外情就此彻底结束，它还存在着复发的可能性。

“脑疯期”是指男性出轨者对婚外情“走火入魔”的一个特殊时期。处于“脑疯期”阶段的男性，仿佛被一种不可抗拒的力量所驱使，完全不顾家庭的稳定和妻儿的感受，一心只想摆脱婚姻的束缚，以便更自由地投入新感情中。他们会表现出一种近乎疯狂的状态，强烈要求与妻子结束婚姻关系。

并不是所有男性在出轨时都会经历所谓的“脑疯期”，可一旦他们进入这个阶段，婚姻关系往往会变得极其复杂和难以处理。

“胶着期”是指夫妻二人长期处于“胶着”状态，既不离婚也无法修复感情。在经历了激烈的“脑疯期”后，如果夫妻双方没有离婚，那么其中很大一部分婚姻会进入“胶着期”。

综上所述，在婚姻危机的不同阶段，男性出轨者的心理状态会表现出明显的差异性。在面对婚姻危机时，我们应根据各阶段的不同特征，采取相应的策略和措施，从而尽可能减轻危机所带来的负面影响。

控制情绪

面对丈夫有可能出轨这件事，恐怕没有几个女性能够保持冷静。然而，在处理这种敏感问题时，理性思考能力非常重要，冲动的行为往往会导致事态进一步恶化，从而让自己陷入困境。

在尝试去拉对方一把之前，我们必须确保自身情绪稳定。根据哈佛大学情绪心理学家丹尼尔·戈尔曼（Daniel Goleman）的研究，人处于情绪激动的状态时，大脑的前额皮层，也就是负责理性思考和决策的部分，其功能会显著下降。因此，如果情绪不稳定，那么或许宁可先“按兵不动”。

当妻子发现丈夫有可能陷入婚外情旋涡时，内心往往会被愤怒、恐慌和暴躁的情绪占据。这种情感的爆发可以理解，毕竟，她们受到了背叛的威胁。可是，处理危机需要理智和策略，否则无意中可能会触发“禁果效应”，让情况变得更加糟糕。

实际上，妻子并不清楚婚外情究竟发展到了什么程度，某些关系看起来像在早期，但男性出轨者或许已经深陷其中。在一些案例里，妻子揭穿婚外情后非但没能等来丈夫的道歉，反倒被对方逼迫离婚。

部分男性出轨者还会抓住妻子“闹情绪”的把柄，把婚姻失败的责任归咎于妻子，说是因为她的大吵大闹，让自己对修复感情失去信心；妻子在情绪失控时的某些过激行为，也成了她“不想好好过日子”的证据。

别高估了双方的关系，也别低估了人性的下限。也许你们曾经情深似海，也许对方原本并非坏人，但人一旦被欲望绑架，理智就会慢慢丧失。倘若没有取得确凿的出轨证据，又或者判断出婚外情尚处于萌芽阶段，你就需要尽量保持冷静，避免因为情绪失控而乱了阵脚。

你可以尝试去寻找证据，然而，即便证据确凿，也不一定能让出轨者付出代价。万一对方死不认账，又或者反咬一口，你要如何应对呢？

婚外情里有三个人，但看不到另外两个人的内心，你只能站在自己的角度考虑问题。倘若你的目标是维护自身权益，而不是单纯地发泄情绪，你就不能只考虑下一步怎么走，还得想清楚后面几步甚至十几步该怎么走。记住，开弓没有回头箭，胡乱出招只会把自己逼进死路。

有天夜里，高语桐的丈夫沈笠正在洗澡，突然手机传来一条短信。高语桐第六感发作，打开了丈夫的手机，一看，一个叫“梅子”的女性联系人发了条消息说“明天记得给我带早餐哦”，还附了一个爱心的表情。

高语桐举起手机冲进卫生间，对着丈夫一顿质问。沈笠支支吾吾地解释说对方只是一个关系比较好的同事，还说人家孩子都上学了，让妻子不要瞎猜疑。高语桐打开“梅子”的朋友圈，确实看到了一家三口的照片。她发现，沈笠和“梅子”之前的聊天记录已经被清空，暂时也找不到其他证据。

高语桐严肃地向丈夫表示：“已婚男女大半夜发信息，还附带爱心表情，这样做显然不合适。”沈笠听闻后赶忙哄了妻子几句，他说“梅子”性格大大咧咧，可能没有意识到。

第二天上班后，高语桐还是觉得有点不对劲，然而，出乎她的意料，那个叫“梅子”的女同事主动加她为好友，跟她道歉并做了解释。“梅子”表示，她与沈笠白天在公司里打了个小赌，结果沈笠输了，答应第二天请她吃早餐，晚上她和老公提起这件事，就顺手给沈笠发了条信息，并且强调，她给别人发信息时习惯加上爱心表情，让高语桐千万别误会。

高语桐听她这么一说，反倒萌生歉意，觉得自己小题大做了，还觉得“梅子”这人挺不错的。可让她没有料到的是，这个口口声声说“误会了”的女同事，在半年后被发现和沈笠双双背叛了家庭。

当妻子发现蛛丝马迹后，丈夫八成会感到紧张和慌乱，出于心虚，他的第一反应很可能是“我要如何掩饰这件事”，而不是向妻子承认错误。为了证明自己的清白，丈夫可能会同第三者合谋“串口供”，私下里统一口径，逐个解释妻子心中的疑点。

丈夫或许最初的目的是让妻子原谅自己，但实际情况却是他和第三者共同编织谎言，对妻子进行欺骗。其实不管妻子是否搭理第三者，两名共犯都有很大的概率在一起商议对策。第三者和妻子本质上是情敌关系，她所提供的说辞恐怕不是为了维护婚姻，而是为了拆散婚姻。

从高语桐的经历可以看出，假如妻子轻率地揭露婚外情，就有可能把丈夫和第三者推向统一战线，形成对自己极其不利的局势。

◆男性出轨者会感激第三者帮他打掩护，从而对其更加信任。

◆男性出轨者会持续听取第三者的意见。

婚姻看似风平浪静，实则波涛汹涌。第三者原本是个多余的角色，现在却反客为主，陪男性出轨者一起对付妻子。照这种情形发展下去，婚外情双方的关系会变得越来越紧密，而夫妻之间却会变得越来越疏远。

婚姻危机往往伴随着信息的不对称和环境的复杂性，我们很难看到事情的全貌，也很难预知每一个决策所带来的后果。在这种情况下，轻率的行动有可能加剧问题的严重性，甚至导致无法挽回的损失。

因此，我们需要时刻提醒自己“保持清醒，切勿冲动”。一旦情绪失控，判断力就会严重受损，原本可以理性解决的问题，也会变得复杂无解。正如一句老话所说：“我们不是被问题打败，而是被自己的情绪击垮。”

事实上，无论婚姻危机处于何种阶段，我们努力的目标都不是挽回别人，而是在困境中找回自我，重新获得决策的主动权。毕竟，我们没法预测婚外情会往哪个方向发展，也不知道自己最终会做何选择。

“萌芽期”应对策略

在婚外情早期，丈夫通常不会轻易承认自己有出轨的念头。即便被妻子发现一些令人怀疑的言行，他们也会试图为自己辩解，声称是妻子误会了他，或者说自己只是“开个玩笑”“逢场作戏”。

如果妻子无法提供确凿的出轨证据，那么在几次吵闹之后，可能就会被贴上“小题大做”和“不信任”的标签。即使丈夫表面上承诺不再与第三者有任何来往，但在私底下，他们可能仍然会偷偷地保持联系。只不过，这种联系从此以后会变得更加隐蔽，使妻子更加难以察觉。

因此，在婚姻危机的早期阶段，采取“早发现早介入”的策略并不一定能带来预期的积极效果，相反，这种做法有时候会触发所谓的“禁果效应”，反过来推动婚外情的发展。那么，妻子究竟是应该选择介入还是保持沉默呢？这要根据婚姻的具体状况，以及妻子自身的一些特点来做决定。

如果妻子能展现较强的情绪管理能力，同时夫妻之间具备一定的感情基础，那就应该尝试去拉对方一把，不能一味地姑息养奸。也许妻子会想，为什么犯错误的人是丈夫，主动解决问题的人却是我？当然，你不是非得这么做，谁也没有义务去阻止另一半出轨。

实际上，丈夫最终会做出怎样的选择，完全在于他自己。若他选择忠于家庭，那么就算一时被欲望所迷惑，最终也能回归理性；反之，若他选择顺从欲望，那么就算妻子拼命拉住他，也难免会再次陷进去。

作为配偶，你只能尽力去帮助那些已经具备自我反省能力的人，让他们可以早点醒悟过来，避免一错再错，对家庭造成更大的伤害，但你没有办法叫醒一个装睡的人。

打个比方，家里突然闯进来一个“贼”，当下“贼”还没有开始偷东西，只是在家里四处观察。而你发现正是丈夫开门把“贼”给放进来的，但现在还不是和他算账的时候，否则在夫妻俩吵架的光景，“贼”早就把家里给偷光了。

注意，这里所说的“贼”是婚外情本身，而不是第三者。

你需要让丈夫认清楚家里闯进一个“贼”的事实，联合他一起把“贼”给赶出去，有什么账等家里安全了以后再跟他算。万一他不识好歹，甚至最后和“贼”成了同伙，那就不是你的问题了。

一、尝试让夫妻感情回温

抵御外敌需要拥有足够的资本，抵御婚外情则需要夫妻之间具备一定的感情基础。根据多项社会学研究，夫妻间的共同经历，相互理解、尊重和信任，这些无形的“情感资本”才是维系婚姻的关键。

妻子可以从“分享欲、深度陪伴和性”三方面入手，尝试拉近一下夫妻感情。平时多关心丈夫，问他最近在忙些什么；精心策划“二人时光”，如外出用餐、看电影、睡前小酌一番等；时常向对方表达爱意；增加夫妻生活频率；时不时回忆一下两人初识的情景；组织一些家庭活动令他参与其中，等等。

请务必注意，拉近夫妻感情的前提是不能捅破婚外情，一旦你表现出对另一半的怀疑，哪怕只是提到了蛛丝马迹，对方也会立刻产生警觉。接下来你所做的任何事，他都会认为是刻意为之，是试探他，从而产生抵触心理。

有些丈夫原本情感需求就不高，和妻子感情升温之后，自然没有那么多精力再去跟别人分享。婚外情止于“聊天”或者“暧昧”

阶段，不了了之。倘若丈夫不愿和妻子分享，在感情上逃避妻子，抗拒肢体接触，甚至三番五次拒绝性生活，那么说明婚外情或许已经不是在萌芽阶段，这些做法也就没有意义了。

二、深入探讨有关婚外情的话题

在双方感情逐渐升温之际，妻子应当保持一段时间情绪稳定，并选择在关系融洽的时刻，找个合适的机会，和丈夫深入探讨一下有关婚外情的话题。在此过程中，妻子需要谨慎行事，依然不能表现出任何怀疑，否则对方就不会认真和你交流，而是满脑子想着如何应付你的情绪。

突然聊到这种敏感话题，丈夫难免会流露出警惕心理，所以妻子需要寻找一个切入点。例如，可以借助社会新闻、网络热点、影视剧情，或者亲朋好友身上发生的事，作为引导话题的契机。通过这些话题，你逐渐把交流引向核心内容：

◆ “你如何看待婚外情？”

◆ “婚外情会给家庭带来怎样的伤害？”

◆ “假如我陷入了婚外情，你会如何处理这件事？”（引发换位思考）

◆ “哪些行为属于越界行为？”

◆ “如何避免婚姻危机的发生？”

如果一次无法沟通清楚，那就多沟通几次。只要丈夫没有表现出怀疑，就可以随时利用相关话题来引发深入的交流和讨论。当然，你也可以编造一个情境，例如：听说一位朋友或熟人陷入婚外情，这让你感到非常震惊，从而促使你开始思考，如果类似事件发生在自己的婚姻生活中，应当如何应对和处理。

实际上，在婚姻关系确立之初，夫妻双方就应该对一些原则性问题进行深入沟通，共同制定出适合两个人的婚姻规则和相处之道。这样，在问题出现时，就能够依据这些规则来解决，而不是等到问题发生以后再去沟通。然而，许多夫妻往往过于自信，认为这些道理是人所共知的，无须多言。

诚然，每个人都知道婚外情是不道德的行为，但是，那些没有完整经历过这种事情的人，或许并不能真正理解它会造成怎样的后果，以及将要为此付出怎样的代价。他们可能只是从表面上去看待这个问题，并没有深入思考其背后的严重性。事实上，促使出轨者踏出第一步的因由往往不是诱惑本身，而是侥幸心理。

林锐宗是一名业务主管，日常生活中充满了各种应酬。每次应酬之后，他都会找代驾司机送自己回家。然而，有几次代驾司机长时间找不到他的车，这让他很不耐烦，他便冒险将车挪到了停车场出口处。随着时间的推移，这样做的次数越来越多，林锐宗的胆子也越来越大，他自负地认为即使喝了酒，自己的驾驶技术依然出色。

某天深夜，林锐宗在一次应酬结束后叫不到代驾司机，便决定自己开车回家，结果在路上被查酒驾的交通警察逮个正着。经过检查，他血液中的酒精含量达到醉驾标准。由于构成危险驾驶罪，林锐宗被判拘役。这不仅让他丢掉工作，还留下了案底，谈了多年的女朋友也因为这件事和他分手，可谓一切尽失。

林锐宗当然知道酒后驾车是违法的，但他没有想到后果会如此严重。他抱有侥幸心理，认为不可能那么巧合被警察逮住，只要自己慢慢开车，不撞到人，就不会出问题。这种侥幸心理与那些出轨的人如出一辙。他们认为“只要不和对方发生性行为，就不会被缠上”“只要伴侣不知情，就不会造成伤害”。这样一来，侥幸心理会越来越大。

对于原则性问题，一定要沟通得清清楚楚、明明白白，并且需要展现坚定的态度，不能让对方存有一丝侥幸心理。

三、“致命一击”

在尝试拉近夫妻感情，以及和对方深入探讨婚外情话题后，倘若丈夫还没有约束自己的行为，妻子就应该直接指出问题，不能让这种潜在的威胁继续存在于婚姻里。

“致命一击”实际上是一场心理较量，其核心并不在于你说了什么或者做了什么，而在于你是否拥有足够的魄力来震慑住对方。人们往往会被那些有原则、有主见，在面对压力时依然能保持冷静、自信和决心的人所折服。

如果你表现得哭哭啼啼，如同一个被人抢走玩具的孩子，那男性出轨者恐怕并不会把你的话当回事。他可能会象征性地安慰你几句，却对出轨行为抱有更大的侥幸心理，因为他已经看穿了你并不能拿他怎么样。

同时，妻子也没必要去指责丈夫。心理学研究指出，当人们被指责时，大脑会启动“战斗或逃跑”的应激反应，这使得他们可能变得更加固执。因此，在采取行动之前，请你务必控制好自己的情绪。

沟通时，我们首先感受到的并非谈话内容，而是语气和态度。只有当你保持情绪稳定时，对方才能真正感受到你话语中的力量。如果你情绪失控，那么他就会忙于应对你的情绪问题，根本无暇思考你究竟说了什么。

刘语希是这样对丈夫说的：“我能理解你和女同事聊天并没有动歪心思，但频繁和异性聊天容易产生依赖和错觉，毕竟感情不受控制，等双方真聊出感情，面临的可能是家庭破碎，父母和孩子受伤，各自名誉扫地，甚至前途尽毁。我不会阻止你同任何人交流，但请你想清楚自己的行为是否合适。长久以来，我自觉和异性保持距离是出于对你的爱，以及对家庭的责任感，倘若你并不认为这是婚姻里应有的品质，那我也没必要单方面约束自己。”

说话过程中，她语气平稳，掷地有声，末了还露出一个微笑，并没有等对方回应就离开现场，不给对方任何狡辩的空间。此后刘语希开始注重打扮，经常安排社交娱乐活动，把更多注意力放在自己身上，整个人都焕发出一种新的光彩。

这个例子值得借鉴之处在于，刘语希虽然揭露了丈夫的越界行为，但从头到尾没有进行批判和指责，而是把婚外情的代价讲述给他听，并借此表明态度，最终把选择权交给他。与此同时，她摆出一副“不怕失去”和“寻求外界关注”的姿态，让对方产生危机感。

很多女性之所以陷入被动，就是因为一直在等对方给个说法，但有些事情根本没法解释。解释就是掩饰。妻子倘若不需要解释，那么丈夫也没有必要去掩饰，更犯不着与第三者合谋。

“致命一击”之后，妻子的角色转变显得尤为重要。她需要调整生活重心，将更多的精力和注意力转移到自我成长和自我关爱上。这意味着尊重自己，珍视自己的价值，不因他人的行为而贬低自我。

同时，重心的调整也能让对方意识到你的生活并不是只有他。男性出轨者在享受婚外情时，往往忽视了妻子同样具备出轨的资本。她并非天生忠诚，而是选择忠诚。在婚姻这种长期稳定的亲密关系里，我们会因为太熟悉而忽略对方身上的闪光点。

当丈夫对婚姻不再那么笃定，才有可能进一步换位思考“万一妻子遇到同样的诱惑怎么办”“她抵抗得住吗”。没有人可以强迫另一个人反省，只有害怕失去的人才会主动反省。倘若对方已经不怕失去这段婚姻，那么或许你跟他说什么都没有用了。

四、“暴露法”

有个特殊的策略可以用来破除“禁果效应”，笔者称之为“暴露法”。这一策略并不适合所有人，它要求使用者具备较高的情绪调控能力，读者可以根据自身实际情况来判断是否适用。

所谓“暴露法”，就是主动去挑破那些见不得光的情愫，让它们暴露在光天化日之下，这样也就不再具备偷偷摸摸的快感，反而会让当事人感到尴尬。

钱楠在一次同学聚会后加了女同学黎娜的微信，后者经常主动找他聊天，还发送“讨厌”“你好坏”之类带有明显挑逗意味的表情。这一行为被钱楠的妻子李欣芸发现后，她指出双方聊天缺乏界限感。钱楠赌咒发誓说自己没有半点贼心，还说女同学也只是开开玩笑而已。

李欣芸觉得争论下去没有意义，于是隔三差五用开玩笑的口吻调侃丈夫：

- “亲爱的，你今天怎么不和那个女同学聊天了？”
- “她是做网络客服的吗，有那么多闲工夫陪人聊天？”
- “要不我假扮你和她聊聊，保证一礼拜拿下，你信不信？”

一旦丈夫表现出生气的样子，她就嬉皮笑脸地说“开玩笑的，别生气嘛”“你真小气，连玩笑都开不起”“我要是怀疑你，还会这样说吗”。钱楠让她以后不要再开这种玩笑。然而每隔一段时间，李欣芸都会如法炮制一番，直到钱楠主动删除那个女同学的联系方式为止。

偷偷摸摸去做的事会让人倍感刺激，有些情侣在家里背着父母调情觉得特别兴奋，可如果这时父母走进来说“你们继续，不用在意”，兴奋感就会荡然无存，反而变成尴尬。“暴露法”的精髓在于妻子只需要曝光那些见不得光的情愫，但不要表现出怀疑，也不要出手阻止，更不能因此情绪失控。

当然，不是每段婚姻都具备足够的感情基础，也不是每位妻子都可以及时发现情况，并拥有强大的情绪管理能力。假如你努力过，却没能拉住对方，又或者发现时已经太晚，请不必因此感到懊恼。出轨者能否悬崖勒马，关键在于他自己，伴侣的介入或许可以改变过程，但结果如何，归根结底还得看出轨者。

第三章

『游离期』，进与退的一线之间

人性并不是非黑即白，它存在许多灰色地带；生活也并不是主人公大彻大悟、痛改前非的狗血剧，它有众多幽微曲折，反反复复。

为什么婚外情复发率高

上一章节说了“萌芽期”的应对方法。然而，一些社会学研究显示，夫妻在发生婚外情后，能成功将其“扼杀在摇篮里”，恢复原有婚姻关系并保持稳定，这样的比例并不高。有些婚外情如同顽强的种子，在婚姻的土壤中悄然生根发芽，等伴侣察觉到的时候已经很难对付了。

随着婚外关系不断深入，男性出轨者对第三者也日渐沉迷，他们不再满足于浅尝辄止。“游离期”是指男性出轨者在婚姻与婚外情之间徘徊不定，情感和理智在矛盾中挣扎的时期。

在这一时期，男性出轨者往往已经对第三者产生了深度依恋。

这种依恋不仅限于肉体的吸引，更深入情感层面，甚至可能涉及精神上的依赖。

是否发生性行为并非区分“萌芽期”和“游离期”的关键因素。有些婚外关系在“一夜情”之后不了了之，并没有发展到让出轨者产生深度依恋的程度。有些婚外情尚未发生性行为，却让出轨者魂牵梦萦，难以割舍。

“萌芽期”里，男性出轨者通常不会考虑到离婚问题，他们的行为大都被一种贪婪的思维模式所驱使，即“多占多得”。在这种心态下，婚外情被视为一种对平淡婚姻生活的调味剂。

然而，当婚外情进入“游离期”，男性出轨者的心理状态会发生显著变化。他们开始对这种复杂的情感关系产生深深的矛盾和挣扎，情到浓时，忍不住幻想和第三者长相厮守的情形，并在脑海中分析各种可行性。

一些男性发现自己在婚姻的边缘徘徊，心中充满了对妻子和家庭的愧疚感。每当他们靠近第三者时，就会觉得对不起妻子。可当他们靠近家庭时，又会担心失去第三者。这种复杂的情感让他们在婚姻中表现得飘忽不定，时而对妻子显得冷漠，忽略她的感受和需求；时而又主动示好，让妻子感到困惑不解。

倘若妻子在“游离期”撞破婚外情，她所面临的困境可能远比表面上看到的要复杂得多。这个阶段，通常也被认为是婚外关系的重要转折点。

多数男性出轨者都会选择承认错误，他们不像“萌芽期”时那样企图掩盖真相，但这未必是个好现象。一方面，丈夫可以清楚地认识到自己在出轨，而不仅仅是“聊天”“暧昧”那么简单。另一方面，他们或许也想借此试探一下妻子的反应。

其中许多丈夫依然会表示想要“回归家庭”，但这不代表他们真的可以切断婚外情。实际上，婚外情发展到“游离期”阶段，并没有那么容易放下。

请仔细想想，男性出轨者是自己主动结束婚外情，还是在被妻子发现后才被迫做出选择？倘若是后者，那并非深思熟虑的结果，只是一种下意识的应激反应，是做坏事暴露后本能地寻求自保。

一个初犯者，在第一次尝试做坏事——比如做贼时，突然被逮个正着，往往吓得魂飞魄散，声泪俱下地求饶。但这份恐惧与悔恨，是否真能成为他洗心革面的转折点呢？很难说。

对于许多初犯者而言，当错误行为曝光后，内心的恐惧与无助被无限放大，求饶成为他们最本能的反应。然而，这种恐惧更多是基于对未知后果的担忧，而非对错误行为本身的深刻反省。

相反，他们可能会选择更加隐蔽、更加狡猾的方式继续进行错误的行为，甚至会学习更多的反侦查技巧，寻找更加安全的作案时机。在这个过程中，他们的心态也会逐渐发生变化，从最初的恐惧与不安，转变为对风险的麻木与对利益的贪婪。

许多妻子都曾有过这样的经历，起初丈夫表现得非常积极，迫切地想要挽回这段婚姻。他们不断地向妻子道歉，表达自己的忏悔之情，甚至痛哭流涕，以示自己的悔意。此外，他们还会采取各种行动来修复婚姻关系。

然而，这样的情况并没有持续多久，随着时间的推移，丈夫的态度发生明显变化，不再像刚开始时那样坚定，而是变得游移不定。与此同时，他逐渐抗拒和妻子接触，有的丈夫甚至向妻子提出离婚（进入“脑疯期”）。

男性出轨者道歉、忏悔，不代表他对出轨行为本身进行了深刻反省，也不代表他已经彻底摆脱了婚外情的诱惑。有些人嘴上表示回归，私底下却依然和第三者藕断丝连。所以，妻子必须认识到，承认错误不代表能改正错误，你所看到和听到的未必都是真相。

感情并非在一夜之间发生转移，随着婚外情的发展，丈夫对妻子的感情不断抽离，然而，很多妻子却逐渐适应了这种缺少温度的亲密关系。当婚外情暴露后，丈夫出于恐惧和愧疚心理，会在短期内极力弥补妻子，这可能会让她误以为危机已经过去。

然而，丈夫刚刚经历了一段新鲜刺激的婚外情，其激烈程度恐怕远超稳定关系中所能获得的情感体验。这种体验会让人上瘾，男性出轨者需要经历一个类似于“戒断反应”的过程，才能彻底摆脱婚外情。从理论上讲，这个过程并不十分困难，只要男性出轨者和第三者长时间不联系，关系就会慢慢冷却下来。但在现实生活中，这个过程却充满了各种挑战。

首先，男性出轨者可能会难以忍受内心的空虚寂寞，如同失恋一般，反复思考和回忆那段刺激时光，并对第三者产生思念之情。

其次，就算男性出轨者想要放下婚外情，第三者也未必愿意立刻放下，她可能会在各种地方“刷存在感”来勾起男性出轨者对于婚外情的回忆。

此外，妻子发现这件事后，恐怕很难迅速冷静下来，她不可避免会就出轨问题和丈夫反复发生争吵。有的妻子还会发动亲朋好友一起谴责丈夫的错误行为，从而让丈夫在家庭中感到孤立。

一边是恼羞成怒、不断攻击他的妻子，另一边却是深情款款、向他示弱和示爱的第三者。强烈的情感对比下，男性出轨者“回归家庭”的决心很容易发生动摇。

癌症手术后，医生通常会告诫病人要注意休息、补充营养、保持乐观心态以提升机体免疫力，还要频繁检查以防复发，手术半年内是危险期，两年后复发概率降低，五年不复发就达到了“临床治愈”。

婚外情就像是婚姻的癌症，有些婚外情被发现时早已扩散转移，出轨者身心完全抽离出家庭，就算不离婚，夫妻感情也名存实亡。而有些婚外情被发现时尚在早期，夫妻感情通过修复还可以达到“临床治愈”，只是这个修复过程并不简单。

出轨者与第三者能否彻底切断联系，对于婚姻危机的“预后”十分关键。它预示着，这颗危害巨大的“毒瘤”是否已经彻底被切除，短期内不会再对婚姻构成威胁。如果出轨者不能彻底与第三者断绝关系，那么婚外情就如同癌症病人体内未被完全切除的肿瘤，随时面临着复发风险。

婚外情复发犹如癌症复发，病情往往会变得十分凶险，治疗难度也会显著增加。失而复得的体验让婚外情双方感情急速升温，有些男性出轨者原本还对家庭抱有愧疚感，但在和第三者恢复联系后，对妻子的态度却发生 180 度大转变，甚至一门心思想要离婚。

古代医学寓言《扁鹊见蔡桓公》一文中所述：“疾在腠理，汤熨之所及也；在肌肤，针石之所及也；在肠胃，火齐之所及也；在骨髓，司命之所属，无奈何也。”它揭示了疾病发展过程中，需要根据不同的阶段采取不同的应对策略。

婚姻危机处于不同阶段，相应的处理方法亦需有所区别。

到了“游离期”，光靠对话和讲道理已经很难让男性出轨者悬崖勒马。尽管如此，如果夫妻间的感情尚未完全破裂，那么仍然存在着修复关系的可能性。然而，随着时间的推移，这种可能性会逐渐减小。当问题持续发酵，即使没有走到离婚那一步，夫妻关系也很可能名存实亡。

设立观察期

假如丈夫已经亲口承认了婚外情的存在，那妻子就不能轻易被他的“道歉”和“忏悔”所迷惑。这个阶段对于夫妻双方来说都是极其微妙和关键的。请记住，放下婚外情需要一个过程，修复夫妻感情也需要一个过程，这个过程无法省略。

也许此时此刻，你的内心非常痛苦，离婚念头反复在脑海中出现，但在真正迈出这一步之前，你必须提醒自己应该尽可能保持冷静。

笔者并不一味地主张“挽回婚姻”或者“守护婚姻”，但当一个人情绪激动时，往往不具备理性思考能力，也就很难做出最符合自己长期利益的决定。同时，你还需要考虑到家人，尤其是孩子，你的决定也会对他们的人生产生深远影响。

不少女性结婚以前都曾经信誓旦旦地表示："如果有一天丈夫出轨，我一定会毫不犹豫地选择离开。"然而，当这一天真的来临时，她们才发现实际情况并没有想象中那么简单。婚姻不同于恋爱，不是只有感情层面的问题，它还涉及包括孩子在内的许多实际问题。

婚外情就像是癌细胞，倘若得不到及时处理，随时有可能转移扩散。或许等你冷静下来想要修复婚姻时，对方已经不想回归家庭，甚至连财产分配也不愿意让步了。所以，处理婚姻危机分秒必争，因为男性出轨者的心态也在不断发生变化。

尝试终止婚外情的目的，并非在于试图挽回对方的心，而是努力让自己在婚姻中保持主动地位。不管结果如何，只要有机会结束婚外情，我们都应该尽力去实现。那么，当婚外情步入"游离期"这一阶段时，妻子应该怎么做呢？

首先，她需要保持理智和冷静，不能过快地给予原谅，否则会让丈夫产生一种错觉，似乎出轨这件事对于婚姻而言并没有多么严重。等风波平息之后，男性出轨者的侥幸心理可能会卷土重来。他们确信了妻子不会离婚，也就无须继续为此担心，注意力就会慢慢回到第三者身上，好奇她最近过得好不好，离开自己以后有没有很痛苦。这种关注很容易引起旧情复燃。

其次，妻子也不能经常闹情绪，这会让男性出轨者感到不耐烦，甚至可能导致他们对婚姻原本持有的内疚感也逐步淡化。在电视剧《一帘幽梦》中，汪展鹏的故事就生动地展示了这种心理状态。

当汪展鹏的妻子发现丈夫出轨后，情绪彻底失控，忍不住大吵大闹。按理说，这是人在遭遇情感背叛之后流露出的正常反应，但在出轨的丈夫汪展鹏眼里，却变成了“无理取闹”和“揪住不放”。反而，介入他们婚姻的秦雨秋，在汪展鹏眼里却显得“楚楚可怜”“柔弱无辜”，只因她不争不抢。

读者可能忍不住想问，秦雨秋作为第三者，有什么资格去抢夺别人的感情和婚姻？问题就出在这里，我们不能用正常人的价值观去衡量出轨者，因为当他们选择出轨时，价值观和道德观就已经出现了偏差。

假如男性出轨者认为自己已经在情绪上补偿过妻子（忍耐了妻子的吵闹、指责和抱怨），他就不觉得情感上还有亏欠。然而，对于那些承受着背叛痛苦的妻子而言，丈夫在情绪上的这点补偿简直是微不足道的。

因此，妻子们有必要对这种复杂的情况进行深思熟虑。你究竟是想要丈夫在情绪上弥补你，还是想要他彻底切断婚外情？倘若是后者，那就不能在情绪驱使下随意地采取行动。

情绪激动时，人们往往无法冷静理智地看待问题，可能会说出伤害对方的话，或者做出冲动的决定。这不仅会加剧双方矛盾，也会过早地消耗掉男性出轨者的愧疚感，从而增加婚外情的复发率。

这时，为婚姻设立一段“观察期”是个明智的选择。这不仅给了妻子时间去理解和处理自己的情绪，也给了夫妻双方一次机会去重新评估他们的关系，探讨是否有可能在诚实和开放的基础上重建信任。

妻子可以明确地告诉丈夫：“我现在处于情绪的混乱中，需要一些时间来理清思绪，然后再考虑我们的关系应该如何继续。”

在婚外情被揭露后的一段时间里，男性出轨者同样在观察妻子的反应，他们想知道对于妻子而言，背叛行为意味着什么。婚姻里突如其来的不确定性，让丈夫重新审视起妻子的价值，同时也转移了对第三者的注意。

从理论上讲，如果能给予足够长的时间，丈夫在这种反思中能持续深入，那么他就能更好地度过婚外情的“戒断反应”期，从而显著降低婚外情复发的可能性。

可是有些妻子担心，如果不尽快原谅丈夫，他也许会对婚姻失去信心，从而彻底投入第三者的怀抱。这是一个复杂而敏感的问题，因为现实中确实存在一些男性，会利用妻子的“不原谅”作为借口，继续他们的出轨行为。但很显然，这样的男性并不是真心实意想要回归家庭的。

感情不是非此即彼，说句“回归”就能立刻从一个人身上转移到另一个人身上，它需要时间、努力和决心。就如同戒烟需要抵抗住一次又一次的“烟瘾”发作，出轨者也需要忍耐住一波又一波对第三者的思念，才能真正从婚外情的泥沼中解脱出来。

倘若他们连“观察期”都撑不过去，那么就算妻子在第一时间选择了原谅，恐怕也很难避免再次遭受背叛。原谅是一种力量，但并不是无止境的，它需要基于真实、深思熟虑的决定，而不是恐惧或压力的结果。

“观察期”不仅给妻子提供了一个情绪平息的窗口，同时可以让丈夫把更多的注意力放在婚姻里，有助于他度过婚外情的“戒断反应”期，进一步降低婚外情的复发率。

一、观察期的目标

1. 深入观察并评估男性出轨者回归家庭的诚意。

2. 平复情绪，恢复理性思考能力。

3. 密切观察男性出轨者和第三者之间是否能够彻底切断联系。

4. 夫妻双方进行深入沟通，评估修复婚姻的可能性。

5. 厘清现实问题。

二、观察期的注意事项

◆需要建立“不怕失去”的心态

“墨菲定律”，这个在20世纪50年代提出的著名定律，揭示了一个看似悖论的现实：那些我们最担忧、最害怕的事情，往往最容易发生。

妻子越是害怕失去这段关系，就越容易焦虑不安，而这种情绪很可能被出轨的丈夫敏锐地捕捉到，从而极大地助长他们的侥幸心理。此时，“墨菲定律”悄无声息地起了作用。

因此，在面对婚姻危机时，妻子需要展现“不怕失去”的态度，这不仅是一种自我保护，也是一种策略。请记住，你越不害怕失去一个人，对方往往越害怕失去你。

有些妻子虽然嘴上大吵大闹，声称要结束这段关系，其实内心深处对离婚充满了恐惧。她们试图通过威胁来迫使对方让步，然而，当男性出轨者被吵得不耐烦，同意离婚的时候，她们却又开始退缩。这样一来就会陷入极其被动的局面，因为底牌已经被对方看穿，男性出轨者知道妻子并不是真想离婚，甚至是害怕离婚，也就不会再把她的威胁当回事，甚至反过来用离婚威胁她。

在应对婚姻危机时，如果没有破釜沉舟的勇气，那么保持沉默、保留底牌，可能是一种更为明智的选择。人生的牌局中，每一张牌都有其价值，不要轻易地把大牌出尽。留一手，是为了在关键时刻能够有应对的余地。

◆尽量避免向身边人倾诉

许多女性在面临婚姻危机时，第一反应往往是向亲朋好友寻求情感支持和倾诉。这种行为源自人类的天性，我们生来就是社会性动物，分享感受、寻求理解是缓解内心压力、恢复心理平衡的重要途径。然而，这种行为可能会带来一些隐患和副作用。

人类社会中，隐私，尤其是他人的私生活，常常被赋予一种神秘的吸引力，激发起人们无尽的好奇心和窥探欲。这种现象在婚姻问题上尤为明显，一旦夫妻间的矛盾或不忠行为被告知他人，就有可能在亲友间传播开来，甚至引发不必要的流言蜚语。这不仅会对个人名誉造成伤害，也容易加剧夫妻矛盾，使问题复杂化。

男性出轨者在享受婚外情的同时，也需要顾及名誉成本。在许多社会文化中，男性被期待扮演忠诚、负责任的角色，当出轨行为被公之于众时，他们的社会形象可能会遭受重创，并因此产生出一种“破罐子破摔”的心态。

某位男性出轨者表示：“在这段婚姻里，我永远都是一个出轨者，被亲友指责，被妻儿痛恨。既然这样，还不如干脆离婚，至少在第三者那里，我还可以做个为感情负责任的男人。”

名誉成本的影响不止于此，在离婚谈判中，它也可能成为心理博弈的一块筹码。比方说，有些男性出轨者在职业发展、社会关系等方面需要有个好名声，他们或许愿意为此在财产分配等实际问题上做出让步。

亲朋好友无法提供专业的建议和解决方案，他们基于自身经验和情感倾向给出的建议，不一定适用于具体情况，反而可能会干扰到妻子的判断。此外，亲朋好友也有自己的生活压力和困扰，将过多的负面情绪传递给他们，或许会对他们的心理健康产生影响，甚至破坏原有的社交关系。对于遭遇婚姻危机的女性而言，别人的议论也会逐渐转化为一种无形的精神负担，从而影响到自身的情绪稳定。

因此，你应该考虑寻求专业心理医生的帮助，参加一些婚姻辅导课程，获取更加科学、有效的应对策略。

即使之前你已经向身边人倾诉过，也没有关系，从现在开始，学会控制自己的倾诉欲。如果下次有人提起这些问题，你可以轻松地回应“别说那些扫兴事”。随着时间的推移，你的社交形象会得到刷新，社交生活也会恢复到正常状态。

◆对长辈谨慎谈论此事

长辈的人生观和价值观与他们所经历的年代和社会环境密切相关，然而，时代在变化，社会在发展，这些观念未必适用于年轻一辈的生活。在婚姻问题上，人们很容易受到亲近之人的影响，他们的各种看法和观点，或许会在你做重要决策时形成干扰。

何况对于长辈而言，子女的婚姻危机同样会对他们造成精神打击，他们说不定也会去向亲朋好友倾诉。在观察期，当还不清楚危机会朝着什么方向发展的时候，你最好不要把长辈牵扯进来，除非确实有必要这样做。

有些女性试图让公婆主持公道，希望他们能出面管管丈夫。然而，这种做法同样存在隐患。首先，可能会触发男性出轨者的心理逆反。其次，护短是人类的天性，现实中不乏一些公婆在关键时刻“临阵倒戈”。

◆尽可能不要和第三者接触

遭遇背叛后，妻子们通常会变得焦虑不安，迫切地想知道丈夫有没有欺骗自己。在这种情况下，她们可能会对第三者产生好奇，希望从另一个角度了解事件真相。然而，第三者说的话不一定就是真话，虽然并非所有第三者都不安好心，可妻子也很难判断出对方究竟是哪种人。

潘娟突然收到一封陌生人的邮件，邮件里说她的老公许安康“假装单身”欺骗未婚女性，还附上不少聊天记录作为证据。一番争吵后，许安康承认了出轨行为，并透露发邮件的人正是第三者林圆圆。原来，林圆圆发现自己被骗，气得火冒三丈，想通过这种方式报复许安康，她觉得潘娟看到证据后一定会跟许安康离婚。

但潘娟考虑到父亲病重，孩子还小，离婚条件尚不成熟，于是提出先签订婚内财产协议，等把家人照顾妥当以后再处理婚姻问题。然而，看着许安康回归家庭，林圆圆又觉得很不甘心，她一边对潘娟冷嘲热讽，一边私下和许安康恢复联系。

人性是复杂的，人心是多变的，婚外情中充斥着情感和利益的纠葛。第三者同样深陷欲望的泥潭，她们的心态很可能也不正常。尤其对于一些主动找上门的第三者，妻子务必要保持警惕。正常情况下，人做了亏心事躲还来不及，冒险出击没准是想获得一个深度介入你们婚姻的机会。

如果妻子去责骂第三者，那又会激起丈夫对第三者强烈的保护欲。男性出轨者不只对家庭有愧疚感，对第三者同样有愧疚感。他觉得不能给对方名分，对方却要为他背负骂名。

此外，有些第三者是已婚人士，你可能会试图向第三者的配偶告发此事。这一举动的后果存在不确定性，因为你同样不清楚对方是个怎样的人，判断不出他会做出怎样的反应。也许他并不相信你说的话，又或者他会和第三者离婚，从而促使婚外情双方彻底走到一起。

婚姻危机从本质上讲是夫妻二人的情感危机，也是你自己生活中面临的重要挑战。因此，我们应该从自身角度出发解决问题，外人的介入只会让危机变得更加复杂。

◆在财产上要有防范意识

现实生活不是纸上谈兵，你很难精准把握男性出轨者的心态变化，也无法预测婚外情在短期内是否会复发。因此，从发现婚外情的那一刻起，保持清醒的头脑和对财产的防范意识至关重要。

在婚外情初期，男性出轨者尚存有愧疚感，他们往往会选择以物质的方式来弥补对家庭的背叛。在涉及财产分配时，他们会表现出更多的让步和妥协，以期减轻内心的谴责。

然而，愧疚感并非永恒不变，它可能会随着时间的流逝而逐渐淡化，如同退潮后的沙滩，露出的是冷漠和自私。许多男性出轨者推翻了之前的承诺，转而对妻子的财产虎视眈眈，甚至不惜采取各种手段来掠夺。

因此，及时寻求法律援助，了解并行使自己的财产权益，是每一个遭遇婚姻危机的女性都需要重视的问题。面对婚外情的冲击，保持冷静、增强自我保护意识，才能在生活的风暴中保护好自己和孩子的未来。

◆不要去管教对方

男性出轨者能否戒掉婚外情，关键在于他们自身的选择和行动。在这个过程中，妻子没必要反复去提醒他，这种压力可能会导致他更加抵触和逃避婚姻，反而加固了婚外情的诱惑。

“观察期”的重要性在于，它提供了一个空间，让男性出轨者有机会反思自己的行为。一旦妻子投入婚姻角色，试图去管教对方，便会让男性出轨者觉得，她并没有打算离开，而是希望纠正和改变他，“观察期”这一策略也就失去了效果。

以退为进，降低婚外情复发率

在之前的讨论中，我们阐述了“观察期”的一大作用，就是让男性出轨者把目光重新聚焦到妻子身上。这样一来，他们对第三者的关注度就会有所降低，从而顺利度过“戒断反应”期。

因此，为了进一步降低婚外情复发率，妻子应当让这种关注尽可能地持续下去。针对这一目标，本书所提供的策略是“以退为进”。当然，实施这一策略的前提是，男性出轨者必须具备回归家庭、重建婚姻关系的诚意。

一、情绪上后撤

你是一个真实的人，你的情绪也很真实。笔者并不提倡压抑情绪，那些抱有侥幸心理的男性出轨者，往往会通过妻子的反应来判断事态严重性。如果妻子明知道丈夫不忠却不敢表现出愤怒，那么男性出轨者可能会误读这种“平静”，认为（出轨）这件事情并没有多么严重。

情绪需要得到释放，当然，也不能任其泛滥。有些妻子可能觉得丈夫没有真正理解自己的痛苦，于是不断通过各种方式发泄情绪，以期能让丈夫感同身受。然而，这种做法只会消耗掉对方的耐心和愧疚感。

请记住，痛苦是无法感同身受的，即便是那些制造出痛苦的人也难以真正体会。就好比你去给别人扎针，你知道扎针会疼，可针扎在别人身上，你感受不到究竟有多疼，只能通过对方的反应来判断。

如果你看到对方的反应很轻微，或许会觉得“不怎么疼”，既然他表现得如此平静，那么痛苦也应该在可承受范围内；如果对方反应剧烈，那你会认为“肯定很疼”；可是如果对方一直大喊大叫，渐渐地，你就会感到麻木和不耐烦。

因此，当妻子释放完自己的情绪后，就应该振作起来，精心地打扮自己，多出去参加社交活动，展现一种想要开始崭新生活的姿态。如果你每天守着丈夫，哭哭啼啼地问他去了哪里、做了什么，那他根本不担心会失去你。

只有当他捉摸不透你的情绪，认为你开始向外界寻求关注时，他才会担心你是否打算离开他了。适度的距离感可能会激发男性的占有欲，这并不是说要去为丈夫培养一个情敌，从而让婚姻危机变得更加复杂，但你需要让男性出轨者明白：你并不是非他不可。

卢亚婧，一个 5 岁孩子的妈妈，日常生活轨迹几乎都围绕着家庭。遭遇婚姻危机后，她果断做出改变，给自己报了一门健身课。每天吃完晚饭，她就让丈夫照看孩子，然后独自走出家门，迈向健身房。锻炼完，她还会去附近的购物中心逛一逛。

与此同时，她在社交软件上分享自己的生活，发布自己越来越美的照片。如此一来，以前很少主动联系她的丈夫，现在却经常追问她去了哪里、做了什么。尽管如此，卢亚婧仍然无法避免偶尔情绪失控，每当想起丈夫的背叛行为，她就恨得咬牙切齿。

有一天，她正准备打电话给在加班的丈夫并向他发泄情绪，然而拿起电话的那一刻，她突然意识到这通电话对生活没有任何益处。于是她把孩子嘱托给长辈照顾，自己则换上一身运动装出门去跑步。从夕阳西下一直跑到满街亮起霓虹灯，那一刻，卢亚婧忽然感到一种释然，也许最有力的反击就是让自己越变越好。

二、情感上示弱

男性天生就有一种英雄主义情结，保护欲是男人产生爱意的重要因素。许多男性在出轨后，都会不自觉地对第三者产生保护欲，认为“她是因为我才成为第三者”“她宁愿为我背负骂名”。这样的想法会让男人感到自我满足，甚至沉醉其中。往往别人越是言语攻击第三者，他就越想要去保护她。

在“观察期”里，妻子无须深究丈夫与第三者之间的感情纠葛，也无须耗费精力试图让男性出轨者认识到第三者的不道德行为，只需要在情感上对其充分示弱即可，参考话术：

- “我那么爱你，你却去爱别人。”
- “我坚定地选择你，可你却如此伤害我。”

你大概会问，都已经遭遇背叛了，为何还要说出这么矫情的话呢？示弱只是一种策略，当然你也可以不必这么做。但请不要忘记，男性出轨者在这一阶段尚未完全恢复理智，他还沉浸在那种“情情爱爱”的感性意境中，无法顾及家庭、责任、孩子、道德这些更高层面的东西。因此，我们只能尝试“用魔法打败魔法”。

事实上，在男性出轨者完全摒弃婚外情之前，妻子都没有必要去和他讲太多道理，其实这些道理成年人都懂。倘若理性能够战胜欲望，那婚外情也就不会发生了。

所谓“示弱”，并不是真正意义上的脆弱，只是一种策略，适当地展示脆弱，以此激发男性的保护欲和愧疚之情，还可能唤醒他对你们曾经美好爱情的回忆。但你不能真的脆弱，因为人性都是欺软怕硬的，想在婚姻危机里翻盘，就必须拥有强大的内心，不能让对方觉得你好欺负。

因此，“示弱”这一策略需要配合“情绪后撤”一起使用，倘若你频繁地想要得到对方的回应，那么“示弱”就会逐渐演变为苦大仇深。

三、扮演倾听者

与惯性出轨者不同，正常人在第一次做坏事时，需要说服自己的良知。有些丈夫会无意识地放大婚姻矛盾，同时也会放大妻子身上的缺点和不足，通过这样的思维方式，为自己的不忠行为找到一种合理解释，以此来减轻内心的罪恶感。

男性出轨者长期在心里酝酿着各种不满，对妻子的误解也越来越深。如果妻子能够有效地控制情绪，可以考虑扮演一个倾听者，让男性出轨者把内心虚构的种种不满给说出来，这一举动对后面修复关系有着正面意义。

但妻子必须明白，丈夫现在还没有完全恢复正常，他可能会说出一些观点扭曲、偏颇的话语，甚至提出一些缺乏根据的指责，比如“出轨行为情有可原”或者“你也有很多不好的地方”。倘若妻子预感到自己可能会产生强烈的负面情绪，如愤怒或激动，那就暂时别去找他沟通。

请记住，扮演倾听者的前提是需要保持情绪稳定。

在我们的日常生活中，是否曾有过这样的经历？我们因为对某人的误解，心中充满了情绪和指责，准备与对方进行一场激烈的辩论。然而，出乎意料的是，面对我们的指责，对方并没有立即反击，他选择了以一种超乎寻常的耐心倾听我们的抱怨。

他的沉默，他的理解，他的不急于辩解，就像一盆冷水，逐渐浇熄了我们内心的怒火。我们开始质疑自己，是不是过于冲动？是不是误解了事情的真相？这其实是一种心理学上的现象，被称为“沉默的力量”。

研究发现，人们在面对冲突时，选择倾听和理解，往往比立即反驳更能缓解紧张的气氛，更有可能找到问题的症结。根据哈佛商学院的一项研究，人们在争论中采取开放和接纳的态度，而不是立即反驳，可以显著降低对方的防御性，提高沟通的有效性。

相反，如果对方激烈反驳，甚至与你大吵一架，这种反应往往会触发逆反心理，让你忽略事情的真相，一心只想维护自己的面子和尊严，即使最后发现只是一个误会，也不想与对方和解。

首先，妻子需要创造一个安全、无压力的环境，让丈夫愿意打开心扉，分享他的感受。比如你可以温和地询问他：“你对婚姻有什么不满意的地方吗？”

其次，妻子需要展现开放和接纳的态度，而不是立即进行辩护或反驳。当丈夫表达出对婚姻的不满或对妻子的误解时，尽管可能刺痛人心，但这是解决问题的关键。让丈夫释放积压在心里的情绪，他能更快地恢复冷静，回归正常的思维模式。

在此过程中，妻子无须发表任何意见，也不必深入思考丈夫的言论。这个建议的核心是“倾听”，而不是“认同”。倾听是一种尊重，它表明你愿意理解他的感受，但这并不意味着你接受他的行为或认同他的观点。

时过境迁后，等他冷静下来回顾这段经历，他或许会对自己当时的言论感到羞愧。因此，无须纠结对方所说的话，时间会带来更加清晰的视角。你可以适当给出一些正面反馈，例如“我好像能理解你说的话”“原来你当时是这样的感受”“谢谢你告诉我这些”，等等。

四、主动改变心态

也许妻子本该大吵大闹，但她偏偏没有，这会让丈夫感到困惑：“为什么她不像别的女人那样哭哭啼啼？”“她到底在想些什么？”“她会原谅我吗？”想让男性出轨者把目光集中在自己身上，妻子就不能按照常理出牌，得让对方捉摸不透才行。

遭遇婚姻危机后，你难免会陷入情绪低谷，可能会对周围的一切失去兴趣，甚至无心打理自己的生活。可是，你必须意识到，这种消极情绪并不能解决问题，反而可能让你变得更糟。

“心随境转”是古老的智慧，它告诉我们，心理状态往往受到环境和行为的影响。当我们无法改变外部环境时，可以尝试改变自己的行为，以此来影响和调整我们的心态。所以，妻子应该迫使自己振作起来。

你可以早晨起床后给自己泡杯咖啡，花些时间化一个精致的妆容，然后带着自信的笑脸出门去；可以睡前认真护肤，准备好第二天的穿搭，给生活增加一些仪式感；与此同时，还可以考虑参与一些富有意义的活动，例如学习新技能、深耕个人兴趣、参与公益服务等。一方面，通过参与这些活动，你能有效分散注意力，避免过度沉浸于负面情绪；另一方面，它们也能够促进个人自信心的提升。

千万不要把注意力放在男性出轨者身上。如果说婚外情的魅力来源于“得不到”，那妻子就需要营造出一种“已失去”或“即将失去”的意境。重申一下：没有人可以强迫另一个人反省，只有害怕失去的人才会主动反省。

五、立场坚定，态度鲜明

我们无法把自己的观点强加给任何人，所以不要试图在短期内纠正男性出轨者的错误观念，只有等他冷静下来，恢复理性思考，才有可能重新审视自己的行为。

然而，这并不意味着在原则性问题上可以有任何退让的余地。

“婚外情”，这个刺眼的词语，不仅严重侵蚀了婚姻的纯洁性，更是对忠诚契约的公然挑衅和践踏。作为妻子，你有权利，也有责任，去维护你对婚姻的期待和设定的底线。

你并不需要以强硬或攻击的姿态面对问题，而是要以坚定而理智的态度，清晰地表达你的立场和感受，让丈夫知道，忠诚和尊重是婚姻里不可动摇的基石，所有破坏这一基石的行为都是无法被接受的。

在任何一次交流中，只要涉及相关问题，你都务必确保态度坚定，不要让对方感觉到有讨价还价的余地。否则，他可能会觉得有机可乘，忍不住再次试探你的底线。

有些妻子逻辑思维不强，或者词汇量不够丰富，容易在辩论中落入下风，因此，不要轻易去和对方辩论。你并不需要说服他，只需要让他明白一件事：想和你继续婚姻，那就必须斩断婚外情。

妻子的抉择

“观察期”通常设定为三个月至半年，这段时间被认为是激情消退、理性回归的平均期限。如果丈夫在此期间持续展现回归家庭的诚意和改变的决心，那么妻子便可以开始思考，是否愿意给婚姻一个重生的机会？

婚姻在经历风雨后需要回到正常状态，就像一个癌症病人在经过治疗和休养后需要恢复正常生活，而不是一直当病人。所以，观察期也不宜拖得太久。

妻子不必反复纠结于丈夫是怎么想的，你只需要看清楚他是怎么做的。人的思想和情感都在不断发生变化，我们无法完全理解另一个人的想法，更无法预测他们下一刻的感受。过度的揣测和解读，往往只会带来混乱和误解，干扰我们自身的内心平静。

如果男性出轨者没有和第三者切断联系，那么他所谓的“回归”就是欺骗。他说“正在努力，请妻子给一点时间”“担心第三者会制造麻烦，需要对其进行安抚”，等等，这些借口不过是在拖延。

放下婚外情并没有那么困难，就算情感上一时半会儿放不下，行动上也应该立刻断绝联系。而作为插足别人婚姻的第三者，既没有权利也没有资格找麻烦，除非男性出轨者同样欺骗了她。

当一个人真正意识到某件事情是错误的，他就应该毫不犹豫地立刻停止错误行为，不该再有任何犹豫或拖延，因为继续错误只会让自己陷入更深的困境。只有及时纠正错误，才能避免进一步的损失和后果。勇敢地面对错误，并采取行动去改正，这才是对自己和他人都负责任的表现。

在“观察期”里，男性出轨者有责任，也有必要，采取实质性的行动来重建妻子对他的信任，并给足妻子安全感。比方说，将手机等个人设备的使用对妻子开放，不再有秘密的短信、通话或社交媒体互动；提前告知妻子行程安排，包括工作活动、社交聚会等。

虽然做到这些并不代表能切断婚外情，也可能使其藏得更加隐蔽，但是如果连最基本的诚意都没有，那妻子也很难指望对方真心回归家庭。有些丈夫口头上承诺“回归”，态度却敷衍了事，妻子质问几句就大呼小叫，甚至反过来指责妻子疑神疑鬼、缺乏信任。

这种反应往往是一种心理防御机制，即“欲盖弥彰”，试图通过指责他人来转移注意力，以掩盖自己内心的不安。当婚外情再次被揭露时，他们说不定会倒打一耙，将出轨的责任归咎于妻子，说是妻子的不信任和不原谅才导致他对婚姻失望。这当然是无稽之谈。

其实丈夫是否真心回归家庭，妻子完全可以感受得到，一个人的真心与否往往无法用言语来衡量。如果妻子对于这件事还存有疑虑，那么不妨把“观察期”的时间延长一些。

心理学研究指出，人在首次被抓住犯错时，会经历强烈的恐惧和愧疚感。这种情绪会驱使他们在一段时间内表现出更大的改正意愿。如果在这样的压力下，丈夫仍然无法坚定地回归家庭，往后恐怕就更加困难了。

妻子需要看到丈夫实际行动上的改变，而不仅仅是口头上的承诺。这包括他对家庭的投入、对错误的认识，以及对婚外情的坚决切割。只有在看到这些变化之后，才可以考虑进一步修复婚姻关系。

很多妻子都想知道，丈夫以后会不会再出轨。这个问题像一个无底黑洞，吞噬着她们的时间和精力，使她们反复陷入焦虑。

然而，凡人没有预知未来的能力，即使是男性出轨者自己，恐怕也无法准确预测他们未来的行为。

因此，没必要纠结于对方是否值得被原谅，因为“值得”是一个相对概念，取决于个人的价值观和忍耐度。也许相比“他是否值得我原谅”，更应该去考虑的问题是：“我是否有能力原谅他？是否有力量面对可能的后果？是否有勇气去重建破碎的信任？”

有位商人在年轻时初次创业，合伙人是他的大学舍友，两人共同努力，将一家小型互联网公司推向了即将上市的阶段。然而，商人意外发现，曾经推心置腹的兄弟竟然偷偷算计自己，并且在法律层面给自己挖了个坑。

当事情暴露后，合伙人急忙乞求原谅，声称自己因一时贪婪而迷失，请求商人不要为此影响整体局面，还赌咒发誓说以后绝对不会再干这种事。也许只要原谅对方，商人就可以实现财务自由，但他依然选择了散伙。

商人认为这个合伙人对公司太重要了，再次背叛的后果是他所承受不起的。事实证明，他的判断没有错，散伙后，公司一大半业务骨干都跟随合伙人另起炉灶，说明对方早已在暗中布局。

后来商人经历几起几落，终于让事业重新步入正轨。此时，公司有个能力很强的下属在高薪的诱惑下跳槽至竞争对手处。然而没过多久，竞争对手倒闭，下属表示想回公司，商人爽快地同意了。身边人都表示不理解，原本以为他是一个疾恶如仇的人，否则当年也不至于跟兄弟散伙，现在为何能够容忍这个下属呢？

商人回答：“虽然这个下属能力很强，但他动摇不了公司的根本，所以我并不担心他再次背叛，只需要利用其价值就好。”

婚姻的本质就是合作。当一个人在婚姻里处于弱势，那么“原谅”可能就变成了一种无奈的选择，甚至是一种自我牺牲。只有当你拥有足够的资本时，才能真正从情感上说“原谅”二字。这种资本，不仅仅是物质，更包括精神的独立和自我价值的实现。

它意味着你有足够的能力去面对生活的不确定性，有足够的勇气去选择自己想要的生活，也包括给对方一次机会。所以，与其将精力消耗在无尽的感情纠葛中，不如把焦点转向自我提升，去为自己积累做选择的资本。

第四章
『修复期』，婚外情是婚姻的癌症

没有人可以回到过去重新开始，但谁都可以从现在起书写一个全然不同的结局。

重塑对婚姻的认知

修复婚姻关系与修复感情，这两者并不相同。

在一些婚姻中，当丈夫选择回归家庭，他们的感情世界可能已经经历了深刻的转变。他们开始重新欣赏妻子，重新审视并珍视与妻子之间的关系。性需求的恢复也是情感回归的一种表现，他们渴望与妻子在身体和心灵上再次建立亲密联系。

但也有一些丈夫，他们与妻子之间的感情基础可能原本就比较薄弱，又或者经历了婚外情后，感情无法重新回到妻子身上。但同时，他们也意识到家庭的稳定对于孩子和他们自身的重要性。因此，他们的回归，更多的是基于对责任的承担，以及对生活理智的考量，而非情感的自然复苏。

某位女性这样描述："丈夫回归家庭后极力弥补我和孩子，把大部分时间、精力都花在家里，也很舍得在物质上付出，但我感觉不到他的爱，我们之间没有过去那种亲密感。"

如果一个男性发现自己无法再以同样的热情和爱意去对待他的妻子，那么他的回归就存在不确定性。这种不确定性源于人的基本需求，即情感满足，不排除未来他再去婚外寻找满足的可能性。然而，这并不意味着他的回归注定是短暂的，或者他注定无法成为一个值得信赖的伴侣。实际上，婚姻危机有时也能成为一次自我反思和认知调整的机会。

田建新和第一任妻子陈虹识于微时，两人白手起家，曾经也非常恩爱，可田建新挣到一些钱后变得膨胀起来，开始吃喝玩乐、纵情声色，与异性有染，还自称是"逢场作戏"。陈虹原谅了一次又一次，最终忍受不了这样的生活，与其离婚。后来陈虹带着女儿改嫁并且过得很好。

36 岁时，田建新妻离子散，没过多久，事业又遭受重大打击，低迷了很长一段时间。他在人生低谷时对自己进行了深刻反省。43 岁时，田建新经朋友介绍，认识了第二任妻子李双双，虽然她既不年轻也不漂亮，但田建新非常珍惜。婚后，两人生下小女儿。48 岁时，田建新的事业东山再起，且对婚姻保持忠诚。

田建新说，前妻陈虹是一个非常好的女人，遗憾自己当初不懂珍惜。但他也坦言，就算回到过去，陈虹再给他一次机会，婚姻恐怕依旧难有好结局。因为他还未经历过岁月洗礼，没有那些日日夜夜痛苦的思考与沉淀，认知就不会彻底发生转变。

我们常常将婚姻浪漫化，期待它能满足我们所有的心理和情感需求。这种不切实际的期望往往导致失望和不满。实际上，婚姻可以带来幸福，但这种幸福并非自动产生，而是需要双方的努力和投入，包括沟通、理解、妥协和牺牲。

也许丈夫忙着挣钱，忽略了妻子的情感需求；或者妻子忙着育儿，忽略了丈夫的情感需求，但他们都是在为这个家庭努力。在此过程中，妻子获得了物质上的满足，丈夫则确保了家族血脉的延续。我们选择婚姻，本身就是选择一种长期稳定的亲密关系，只是有些人对婚姻的期望太高，一旦某方面得不到满足，就认为自己有理由去婚外寻找。

当岁月磨平激情，其中一方仍有爱意，另一方却觉得爱情消失，或许并非关系本身存在问题，而是双方对于爱情和婚姻的认知不同。有人可以在漫长岁月中与伴侣平淡相守，反复爱上对方，有人则追求轰轰烈烈的激情，新鲜感消失后就会对亲密关系感到厌倦。

但也不乏有些出轨者在经历婚姻危机后对人生进行了深入思考，从中吸取教训，进而变得比从前更加成熟。事实上，男性出轨者能否洗心革面，并不在于他的情感，恰恰在于他的认知。在修复婚姻这件事上，妻子不必过度纠结于感情问题，夫妻双方真正需要沟通的是认知问题：

- “你对于婚姻的理解是什么？”
- “你对于婚外情的理解是什么？”
- “你的人生追求是什么？”
- “回到我身边你觉得快乐吗？”
- “我们要不要把婚姻继续下去？”
- “如何修复夫妻感情？”
- “怎样经营好我们的婚姻？”
- “如何防止婚姻危机再度发生？”

这些问题不是为了向对方要一个答案，而是为了激发双方更深层次的思考和真诚的交流，以期在共同的理解中找到解决问题的共识，找到那个能够帮助双方从危机中恢复，使婚姻重获健康的方法。

这世上并没有所谓的“天作之合”，婚姻更像是一场双方共同参与的马拉松，需要耐心地磨合、精心地经营。得过“癌症”并不可怕，只要能达到“临床治愈”，就依然可以是一段健康的婚姻。

危机也可能是契机

许多国家的婚姻咨询师都提到过一个有趣的现象：某些夫妻在出轨行为被揭露之前，早已对彼此丧失激情，婚姻生活犹如一潭死水，然而，当出轨行为暴露后，夫妻双方却意外地获得了前所未有的激情，尤其在性生活方面。这种现象不是个例。

婚姻的漫长旅途中，激情会被日常琐碎冲淡，另一半身上的闪光点也容易被忽视，曾经那些吸引彼此的美好品质，在日复一日的相处中变得习以为常。虽然很多出轨者理性上知道“结了婚都一样”，但感性上仍觉得第三者更具吸引力。毕竟，婚外情存在新鲜感，他们像热恋中的情侣那样，极力把自己最好的一面展现给对方。

可是，任何一段感情都无法始终保持激情，婚外情同样如此。相较于不断变化的激情而言，感情基础则是比较牢靠的东西，它包括共同经历的岁月、曾经甜蜜的回忆、深度磨合的生活习惯，等等。时光在悄无声息中积累了许多依赖，只是被淹没在鸡毛蒜皮的琐碎中，让人难以察觉。

有位出轨者在婚变后感叹：“错过第三者像错过一件喜欢的收藏，可失去伴侣却像失去了一条腿。有些东西拥有时你感觉不到它的存在，失去以后你会发现连正常生活都困难。”

婚外情是婚姻的“癌症”，给婚姻造成毁灭性打击，但也有一些“患者”说“癌症让他们学会了重新看待人生”。假如夫妻双方有着比较深厚的感情基础，埋藏在心底的爱意并未完全消失，那么婚姻危机也有可能会成为一段婚姻的转机。新鲜感能够点燃激情，其实痛苦也可以。

我们每天早晨化着精致的妆容、穿着得体的衣服出门，把精神饱满的一面（A 面）展现给领导、客户、同事和陌生人；晚上回家则换身宽松睡衣瘫坐在沙发上，连话都懒得多说一句，把邋遢和不修边幅的一面（B 面）展现给婚姻伴侣。诚然，放松是一种信任，但长年累月只能看见彼此的“B 面”，久而久之便会形成一种固有印象，这与我们当初爱上的那个人好像不一样。

回想恋爱时，我们是不是也会精心打扮、温言软语，力争把自己最好的一面展现给对方？在婚外情里，出轨者和第三者互相看到的都是“A 面”，而在婚姻里，丈夫和妻子互相看到的却是“B 面”。

为什么“家花不如野花香”？因为“野花”天天妆容精致，笑容甜美，你看不到她一大早蓬头垢面的样子，看不到她精心装扮的过程，看不到她吵架时的表情，只看到她最好的一面。你甚至会产生一种错觉，她生来便是如此，根本不需要修饰自己。

而“家花”呢？天天看，月月看，早晨看，晚上看，早已没了新鲜感。不是“家花”不香，而是距离产生美。男性出轨者也不是不明白这个道理，但人们总会对未知事物抱有更多幻想，太过熟悉也就失去了想象空间。

在婚外情中，新鲜感不仅仅作用于情感层面，还会在生理层面引起多巴胺水平的飙升。“多巴胺”这一在神经科学领域广为人知的物质，在我们日常生活中扮演着极为重要的角色。它被誉为“快乐分子”，是大脑中的一种神经递质，负责传递快乐和满足等信号。

当人们在经历某些极度刺激的活动时，如赌博、吸毒、性爱等，大脑中的多巴胺水平会在短时间内急速上升，从而带来强烈的快感。因此，在婚外情中体验到前所未有的情感满足和生理快感后，出轨者很容易陷入其中，无法自拔。

将“黄赌毒”这三个字放在一起，并非仅仅是字面意义上的组合，它们背后都隐藏着对多巴胺的强烈追求。有人赌博成瘾，有人吸毒自毁，也有人沉迷于身体欢愉。倘若男性出轨者止步于“暧昧”和“精神出轨”阶段，他只需要在情感上戒掉第三者。可如果婚外情双方已经更进一步，涉及实质性的身体接触，那么问题的复杂性将大大增加。

部分男性出轨者会以“自己只是沉溺于一时的性快感”为借口，试图弱化其行为的严重性。他们甚至援引在某些国家性交易已合法化的例子，坚称男人不会因为体验了“特殊服务”就爱上性工作者。然而，现实情况远比这些表面上的辩解要复杂得多。

现实中，“因性而爱”的现象确实存在。有研究发现，频繁地与同一个性工作者接触的男性客户，更容易对其产生情感上的依赖。这种依赖可能会表现为频繁地联系对方、寻求对方的陪伴，甚至是想要与对方建立更进一步的关系。

性活动不仅仅是生理上的满足，更是一种深层次的情感交流。在这个过程中，人们可能会因为身体的接触、互动的方式，甚至是对方的气味、声音等因素而产生情感上的共鸣。因此，当男性在性需求上与第三者纠缠不清时，他们不仅要处理情感的纠葛，还要面对生理欲望的挑战。

金科宇和梅苒，一对在繁华大都市中拼搏的年轻夫妻，经过多年的辛勤工作，终于在梅苒怀孕时买下一套二居室的房子。孩子出生后，双方父母轮流从家乡赶来帮忙照顾孩子。刚开始，夫妻俩和孩子同住一间卧室，老人住另一间卧室。

可是因为孩子夜里频繁地闹觉，婆婆认为金科宇的打鼾声干扰到孩子休息，也担心孩子的啼哭声影响金科宇白天的工作状态，于是提议让金科宇搬到客厅的沙发上睡觉。

然而，自从金科宇睡到客厅后，夫妻俩在家里几乎没什么亲密接触的机会。公婆晚上睡觉喜欢开门透气，只要孩子一哭，婆婆便经常不打招呼推门而入，怎么沟通都没有用，导致夫妻俩偶尔亲热一下也畏首畏尾。

产假结束后，梅苒想让丈夫睡回来，可孩子不习惯金科宇的打鼾声，夜里又哭又闹，吵得三个人都睡不好，尝试了两个晚上后，便在公婆的反对声中作罢。就这样，梅苒和金科宇一个月过不了几次夫妻生活，久而久之也没了那种欲望。

孩子两岁半时，金科宇得到一个去外地工作的机会，他本意是想留下来陪伴妻儿。可双方父母听说薪水会大幅提高后，竟一致赞成金科宇去外地工作，还表示他们会照顾好梅苒和孩子，让金科宇放心地闯荡事业，多挣点钱，为孩子将来攒学费。

不料，仅仅过了半年的异地时光，金科宇就被一个比自己年长 5 岁的已婚女性吸引。第三者同样和丈夫分居两地。一次聚会时，在酒精的催化下，两个欲求不满的人走到一起，这种无拘无束、不受干扰的关系，让他们彻底释放了自我。

金科宇并不想离婚，他认为自己随时可以从婚外情中全身而退。毕竟，第三者有老公、孩子，不会纠缠他；山高皇帝远，梅苒也不会轻易发现。可是，在婚外情里得到的性体验大幅提升了他的性阈值，导致金科宇回家后竟然对妻子毫无“性”趣，并且忍不住发信息向第三者诉说思念，结果被梅苒逮个正着。

夫妻二人在漫长的婚姻生活中，很难始终保持性和谐。一项研究显示，大约 30% 的产后女性会经历性欲降低的问题。产后，女性体内的激素水平会发生显著变化，如雌激素和孕激素的下降，这可能导致性欲的暂时减退。同时，新生儿的照顾和母乳喂养等责任也会消耗女性大量的精力，进一步影响到她们的性需求。

另一方面，男性也有其生理周期。随着年龄增长，男性体内的睾酮水平会逐渐下降，这可能会影响到他们的性欲和性能力。根据世界卫生组织的数据，40 岁以上的男性中，约有 25% 的人会受到性功能障碍的困扰。

然而，这并不意味着他们伴侣的性需求也会同步减退，因此，生理变化导致的需求差异可能会对夫妻关系产生压力。

与此同时，个人需求让步于家庭需求也是一种较为普遍的社会现象，这种现象在那些由祖父母参与育儿的大家庭中尤为显著。长辈们基于他们自身的经验和价值观，普遍认为孩子的成长和教育是家庭首要任务。然而，这种过度的牺牲和忽视个人需求的婚姻模式，有时可能会对夫妻关系产生负面影响。

婚姻关系的修复，不仅仅包括情感重建和认知调整，常常还会遭遇一个重大挑战，即生理需求的回归。

笔者曾建议一对缺乏激情的夫妻在工作日中午安排一次约会。妻子反复质疑是否多此一举，毕竟再过几个小时她和丈夫都会下班回家，又何必牺牲午休时间，跨越大半个城市，只为短暂相聚？

后来他们听从建议，决定约在市中心一家酒店见面。那天，丈夫刚刚结束与一位重要客户的会谈，他穿着一身整齐的西装，头发梳得一丝不乱，手上还提着一个公文包，和家里那个大腹便便的中年男性简直判若两人。

与此同时，妻子穿着一件修身连衣裙，搭配一双高跟鞋，脸上化着淡妆，整个人显得既干练又优雅。丈夫看着妻子，双眼不禁放光，他们已经很久没有这样认真地欣赏过彼此了。因为太过熟悉对方的“B 面”，偶尔看到“A 面”，意外地产生出新鲜感。

他们享受了一段不被孩子打扰、不被父母催促、完完全全只属于夫妻二人的甜蜜时光。虽然几小时后又要再度见面，但临别时，双方竟然十分不舍。从那以后，他们经常在工作日中午约会，白天是激情似火的“A 面”情人，晚上则是平淡相守的“B 面”夫妻。

妻子开始热衷于打扮自己，同事甚至怀疑她有了外遇。正所谓“女为悦己者容”，或许从前在家里不修边幅，并不全然是因为放松，而是知道就算自己精心打扮，对方也会视而不见。根据《婚姻与家庭》杂志的一项调查，那些定期进行非传统约会的夫妻，他们的关系满意度比那些只在传统时间约会的夫妻高出 30%。

我们在婚姻里努力扮演着各种角色，丈夫、妻子、父亲、母亲、女婿、儿媳妇，为扮演好这些角色，不得不牺牲很大一部分自我。久而久之，我们看不到对方身上的魅力，只看到彼此所扮演的角色。

婚姻危机犹如一股外力打破僵局，它既给了亲密关系以沉重打击，也促使两个混乱的人在惶恐中努力寻找出路。一项关于婚姻修复的研究指出，大约有 25% 的夫妻在面临严重危机后，关系质量反而有所提升。

有了修复婚姻这个共同目标后，某些夫妻终于能够“看见”彼此，发现彼此身上的魅力，也终于愿意静下心来听对方把话说完。在共同面对困难的过程中，他们学会了更深层次的沟通，指定了更有效的冲突解决策略，以及有了更深厚的同理心。

调整相处模式，制定婚姻规则

俗话说“病来如山倒，病去如抽丝”，如果婚姻被诊断出“癌症”，但尚未发展到晚期，还存在“临床治愈”的可能性，并且你也愿意花费时间、精力去治疗它。那么，应该如何理智地面对和处理这个问题呢？

◆接受手术治疗，彻底切除“肿瘤”。（彻底切断婚外情）

◆疗养和观察。（设置“观察期”）

◆坦然接受自己得过“癌症”这件事。（接受婚姻里已经发生的一切）

◆分析为什么会得“癌症”，有哪些需要改变的不良生活习

惯，以及需要远离的环境污染。（深入分析婚姻危机的根源并调整相处模式）

◆ 按时体检。（及时沟通）

◆ 增强风险管控意识，预先制定“癌症”复发的应对方案。（自我提升，积累更多资本，做好婚外情复发的应对方案）

◆ 以积极乐观的心态面对未来。

学校里缺乏一门课程来指导我们如何经营婚姻。当婚姻产生矛盾时，很多人不愿主动沟通，而是寄希望于伴侣能够意识到问题。他们往往会把这种主动意识和“爱情”挂钩，“你爱我就应该站在我的角度考虑”“你爱我就应该主动解决问题”。

可是如果夫妻双方都这么想呢？那么矛盾将无法及时化解，长期累积之下，或许就会对婚姻关系产生深远的负面影响。众多癌症都并非在短期之内形成，从癌细胞的产生到临床确诊，需要几年乃至十几年的漫长过程，婚姻危机同样如此。

中国有句老话：“水滴石穿，非一日之功。”无论多么坚固的事物，都可能被持续不断的微小力量所改变，何况是脆弱的人际关系，再深的感情也禁不起长年累月的现实消磨。

当矛盾出现时，夫妻双方需要有足够的勇气和智慧去深入沟通。在这个过程中，开放的心态和真诚的表达至关重要，因为只有通过真诚的交流，才能触及问题本质。接下来就是寻找解决方案，讨论可能的妥协点，最终制定出相应规则。这也是日后处理婚姻矛盾的指导原则，可以帮助夫妻在未来生活中避免类似问题的发生。

也许在过去，你们也曾经制定过一些规则，但并没有严格遵守，这并不意味着规则本身是无用和无意义的。婚姻危机带来的紧张感，或许能在一段时间内有效提升双方的执行力度，就像很多癌症患者在确诊之后会非常惜命，任何对身体健康有益的行为都愿意去尝试。

江韵妍生下二宝后每天睡眠不足，自起床开始便像打仗一般，既要工作又要带孩子，几乎没有一点儿空闲时间属于自己。丈夫胡攀宁虽然下班按时回家，可家务、育儿这些事情似乎与他无关。更过分的是，公婆还一直纵容胡攀宁这么做。

其实以前夫妻俩感情很好，家务、育儿都是相互分担，所以江韵妍才决定要二孩。然而，怀孕以后，两人实在精力有限，只能请公婆过来帮帮忙。没想到，公婆一来，就开始偏向自己儿子，有事情只找儿媳妇，声称他们已经帮胡攀宁承担了家庭责任，江韵妍的父母却无法提供任何帮助。

生性温顺的江韵妍听公婆这么说，只能选择妥协。一开始，胡攀宁还知道心疼妻子，主动帮忙分担家务。但慢慢地，偷懒成为习惯，他每天下班后就躲进书房打游戏，不仅忽略陪伴孩子，和妻子的交流也越来越少。

直到有一天，江韵妍整理书房时，竟然发现老公在游戏里有个“女朋友”，两人长期在网上以情侣身份相处。“原来你把自己关在房间里不陪老婆孩子，就是为了陪别的女人？”揭露丈夫的出轨行为后，江韵妍怒不可遏，所有委屈涌上心头，直接提出离婚。

胡攀宁被妻子的激烈反应吓蒙了，急切地解释说连对方的样子都没见过。但江韵妍拒不相信，她把离婚协议书递给胡攀宁，催促他快点签字，自己则搬了出去。公婆见她态度如此强硬，也开始慌了，数次陪着胡攀宁上门道歉。

经过调查，江韵妍确信了胡攀宁与那个游戏女伴未曾有过现实中的交集，她深思熟虑后，决定给胡攀宁一次机会。但这并非无条件的，江韵妍一改往日温顺的姿态，提出三个要求：

1. 与公婆分开居住。

2. 胡攀宁删除游戏账号以及和女伴的所有联系方式，从此不许再玩游戏。

3. 胡攀宁每天下班回家必须分担家务，并全权负责辅导大宝的功课。

与此同时，江韵妍反思了自己逆来顺受的性格，一味退让间接促成了丈夫的懒惰与逃避责任。她决定恢复社交娱乐活动，认真取悦自己，并在婚姻里学会拒绝。自打这些规则制定后，胡攀宁逐渐找回家庭责任感，江韵妍也不像之前那样感到憋屈了。

俗话说得好，“没有规矩不成方圆”。规则，就像是我们生活中的指南针，可以为我们提供正确的方向。无论是一个国家，还是一个家庭，都需要建立规则，并且要持续地进行调整和优化，才能适应不断变化的环境。

尽管丈夫在婚姻中犯下了错误，但他依然拥有参与制定规则的权利。在制定规则的过程中，夫妻双方需要进行充分的沟通协商，这有助于他们更好地理解对方的观点和需求。

有些规则即使没能得到持续执行，但它们依然具有积极意义。比如，“晚上 × 点之前必须回家”和“主动向对方报备行程”这样的规定，不仅有助于增进夫妻感情，赋予彼此更多的安全感，而且能在一定程度上抑制婚外情复发的潜在风险。

而对于一些既敏感又至关重要的议题，比如“谁负责管理家庭财务”“照顾和教育孩子的任务怎么分配”“如何保持性生活的质量和频率”等，如果没有在婚姻早期就进行充分的讨论，可能会导致误解、不满甚至更深的矛盾。因此，夫妻双方应尽早敞开心扉，表达自己的需求、期望和担忧，同时也要倾听对方的观点，以增进理解和达成共识。

制定规则并不是一劳永逸的。婚姻是一个动态的过程，这就需要夫妻双方保持开放的心态，愿意在尊重对方的基础上，不断进行沟通、磨合与妥协。毕竟，婚姻的本质是两个人共同成长，而不仅仅是生活在一起。

如何不再“翻旧账”

遭遇背叛的打击不亚于一次心灵屠杀，它会粉碎一个人对爱情和婚姻的信仰，威胁到自我认知。妻子必然无法在短期内对此释怀，她们忍不住去回忆那些背叛的细节，当情绪积累到一定程度，便会一而再，再而三地爆发。

理性上，她们希望婚姻能朝着好的方向发展，但感性上，又很难迈过心里这个坎。有人说：“原谅一个犯错的人，不是原谅一次就够了，而是日后每想到一次，就要原谅一次。”

妻子“翻旧账”的行为，通常会被误解为一种负面情绪的过度释放，然而，这种看法可能过于片面。实际上，这一行为蕴含着更深层次的情感诉求和对关系的期待，这在某种程度上表明了她对这段婚姻还抱有希望。倘若对亲密关系彻底失望，恐怕只想赶紧划清界限。

事实上，妻子之所以会不停地提到那些痛苦的细节，是因为丈夫的出轨行为令她彻底丧失安全感，她需要通过这种方式一次又一次去确认他已经认识到错误，并且不会再犯同样的错误。换言之，就是索要安全感。

许多癌症患者在经历了手术或治疗后，也会对自己的身体状况产生过分敏感的反应，有任何微小异常，就担心这些症状预示着癌症复发，急于向医生问个清楚。正所谓“一朝被蛇咬，十年怕井绳”。

在经历痛苦的婚姻危机后，很多女性发现自己陷入一种矛盾境地。一方面，她们渴望能早点从伤痛中解脱出来，让婚姻朝着好的方向走；另一方面，又担心自己“好了伤疤忘了疼”，在时间的流逝中淡忘痛苦，这种恐惧是对再次受伤的深深忧虑。

或许在这个世界上，并没有哪一种情感是纯粹的。我们需要找到一种平衡，既能珍视当下的幸福，又能警惕未来的风险。这也是我们走向成熟、理解人生深度的必经之路。

一、停止品尝痛苦的行为

科学研究表明，人类的成瘾行为与大脑中的奖赏系统有着紧密联系。当人们遭受痛苦或者挫折时，身体会分泌出一些让大脑感到兴奋的物质。因此，从某种程度上讲，痛苦也可以成为一种上瘾因素。

有些妻子原本已经逐渐放下那些痛苦的经历，可当她们突然想到丈夫的出轨细节，或者看到一些关于出轨的影视、文学作品时，负面情绪便一发不可收。她们会下意识地寻找让自己痛苦的素材，类似于“出轨只有零次和无数次”“一次不忠，百次不用”“真爱一个人就不会出轨”“破镜难重圆”这样的言论，然后越想越悲观，越想越消极。

然而，品尝伤痛的行为并非理性思考。《当下的力量》一书中写道：“只要你从痛苦中汲取身份认同，就无法从痛苦中解放出来，你会无意识抗拒或破坏治愈你痛苦的努力。”

我们应该记住婚姻危机，但不是记住那些令人痛苦的细节，而是记住它所带来的深刻教训。真正的安全感并不是建立在别人虚无缥缈的承诺上，而是源自我们自身的内在力量。因此，我们应该把更多的精力投入到自我提升上，通过自我发展和自我实现来积累属于自己的安全感，而不是期待他人给予我们安全感。

二、及时“关闸”

负面情绪可能是突如其来的，比如，看到或听到一些与自身经历相似的事件后，瞬间被触动了内心深处那根敏感而脆弱的神经。这时，你会开始四处寻找相关的素材或证据，以此来强化自己的委屈感。

情绪管理是一项至关重要的生活技能。负面情绪从酝酿到发作，往往经历了一个逐步累积的过程，这个过程并非无法干预。我们每个人都是自己情绪的主人，有权在任何时候按下“暂停键”，去关掉那扇即将失控的情绪闸门。

◆ 停止“寻找素材”的行为，想办法转移注意力。

◆ 按捺住和丈夫交流的冲动，同处一室也可以找个借口出门转转。

◆ 尽量避免在情绪混乱时向身边人倾诉。

一旦你无法控制自己，忍不住去和对方交流，那些积压已久的负面情绪便会如洪水般倾泻而出，让对方措手不及，难以招架。虽说“翻旧账”的行为并非总是负面的，它有时可以让丈夫更加深刻地感受到你内心的痛苦和委屈。然而，这种行为不能过于频繁地发生，否则会过快消耗掉对方的愧疚感，影响婚姻关系的修复。

在找到出口释放之前，过激的情绪不会自己停下来，而是需要你主动按下“暂停键”。只要能成功抵挡最初几波情绪的剧烈攻击，就有机会使内心的波动平息。每一次成功按下“暂停键”，都是对自我力量的肯定，也是对生活更深层次理解的探索，这时不妨在内心夸夸自己。

没能成功抵挡也没关系，有些话说了就说了，有些事做了就做了，冷静下来以后，换上一种积极的心态去和对方相处即可，无须纠结于已经发生过的事情。你需要找到一种方式来平衡自己的感性和理性，别害怕偶尔的情绪失控，但要学会及时调整心态。

与此同时，妻子应该尝试与丈夫进行沟通，让他理解自己内心的恐惧和不安。婚姻修复是一个漫长的过程，帮助妻子克服负面情绪也是其中非常重要的一环。妻子需要时间慢慢放下伤痛，重新对婚姻建立信心。

三、学会“翻篇”

所谓“翻篇”，不是翻别人的篇，而是翻自己的篇。

许多女性尽管已经决定原谅她们的丈夫，但每当她们回想起丈夫曾经的出轨行为时，心中便会涌现出一种深深的委屈和无力感。遭遇背叛的经历让她们感到非常窝囊，仿佛自己的尊严和信任被无情地践踏。

其实，一件事情究竟是好是坏，很大程度上取决于我们如何看待它，以及从哪个角度去分析和理解它。不同的视角和心态可能会带来截然不同的感受和结论。

假如一对情侣或夫妻，年轻时因为不懂珍惜而分开。在这段关系里，其中一方或许给另一方带来了深深的创伤和难以言说的痛苦。然而，随着时间的推移，他们在某个偶然的时刻再次相遇，经历了生活的风风雨雨后，坚定地重新走到了一起。这种情况下，周围的人们往往会表示出一种理解和支持的态度。

然而，如果这对情侣或夫妻当初并没有选择分开，而是在经历了那些痛苦和创伤之后依然坚持在一起，那么人们或许会对此产生疑问：“为什么在受到如此伤害的情况下还不选择离开呢？”人们可能会对这种坚持感到困惑，甚至质疑他们的选择是否明智。

妻子之所以会感到委屈，就是因为她把自己代入了“旁观者”视角，反复质疑自己：“为什么对方出轨了，我却没有离开？”她不断地反思和审视自己的决定，试图找到一个合理的解释，最终却陷入自我怀疑。

那么不妨换个角度来看，“将婚姻进行下去”和“若干年后重逢在一起”，这两种情况在本质上是没有区别的，它们都是感情的延续和发展。人生苦短，不是非得经历风风雨雨，才能达到大彻大悟的境界。事实上，无论哪种情况，只要能确定彼此之间的感情是真诚的，并且愿意坚定地走下去，那就够了。

请放下“破镜重圆”的执念。危机已经发生，时光无法倒流，倘若你执着于回到过去，那么必然会非常痛苦。但其实，过去的时光恐怕也并不完美，否则就不会发生婚姻危机。我们需要转变视角，将注意力从过去抽离出来，专注于当下。

不妨从现在开始打造一段崭新的、更加稳固的亲密关系。

四、不应草率地对“人”或“事件”做出定性描述

人性不是非黑即白的。出轨也好，回归也罢，在漫长的人生旅途中，不过是一个片段、一个节点。也许不到生命的最后一刻，谁都不能被“盖棺论定”。所以，无须过分纠结于对方的“人品”。

倘若决定给婚姻一次机会，那就明确自己的选择。别去管结果如何，只管自己想要什么，然后朝着这个方向努力即可。婚姻是一种特定的生活方式，既然选择留下，说明婚姻里还有你无法割舍的东西。是什么并不重要，重要的是，你能否为自己的决定负责？

你选择继续这段婚姻，并不是“原谅了对方的过错”，而是你在面对人生危机时所做出的一个决定，它基于你对当前生活的需求。如果未来某天，你认为这个决定并不正确，或者它已经不能继续满足你的需求，你也可以随时重新做出选择。

五、生理性因素

对于女性而言，情绪波动往往会受到生理周期的影响，这是一个自然且普遍的生理现象。有位妻子在丈夫回归后几乎每个月都要和他大吵一架。经过一段时间的观察和自我分析，她逐渐摸清规律，似乎每次月经来之前的几天，情绪都会特别低落。最终她被确诊为“经前综合征”。

女性在一生中，会经历多个由激素变化所主导的特殊阶段，

包括孕产期、哺乳期和更年期等。这些阶段往往伴随着生理和心理上的巨大变化，使得女性更容易出现情绪问题。婚姻危机的发生，会进一步加剧这些问题，甚至诱发心理疾病。

当情绪长期处于失控状态时，我们应该意识到这是一种需要关注和解决的问题，寻求专业医疗机构的帮助是非常必要的。此外，还可以尝试通过一些积极的活动来转移注意力，如瑜伽、冥想、绘画等，这些活动有助于放松身心，缓解情绪压力。

请相信，时间是最好的解药，随着时间的推移，一切都会慢慢好起来。

第五章

『脑疯期』，翻脸比翻书还快

良心是一个三角形的东西，我没做坏事时它静止不动；如果我干了坏事，它便转动起来，每个角都把我刺痛；如果我一直干坏事，把每一个角都磨平，也就不觉得痛了。

什么是“脑疯期”

婚外情通常具有高度隐蔽性的特点，大多数情况下，配偶很难及时发现并获取确凿的出轨证据。当婚外情被揭露时，许多男性出轨者已经深陷其中，难以自拔。即便他们短暂地回归家庭，也抵挡不了婚外情的再次滋生。实际上，在诱惑面前，能够及时认识错误并做到“迷途知返”的人并不多。

一些经历过婚姻危机的女性，共同创造出一个新词汇——“脑疯期”。这个词汇在网络上引发了广泛的共鸣。在此时期，男性出轨者会突然翻脸不认人，发疯一般逼迫妻子离婚。以下是男性出轨者在“脑疯期”比较常见的几种表现：

● 完全否定和妻子之间的感情

他们将婚姻结合视为一个错误，说自己“累了”“倦了”“不想再活得那么压抑”，求妻子放过他，并声称他们想要自由，想要“彻彻底底为自己活一回”。

● 将婚姻失败的责任推卸到妻子头上

把妻子说得一无是处，细数妻子身上的种种缺点，例如“太强势”“不爱他”“没有顾及他的感受”，等等，许多年前发生的一些小事，也可以成为他们怀恨在心的理由。很多男性出轨者绝口不提婚外情，就算被发现，也会说不关第三者的事，反而一口咬定是妻子直接或者间接地导致了他们的出轨行为。

● 逼迫妻子离婚

男性出轨者们逼迫妻子离婚的手段，往往也十分相似，主要包括“情感操控”“软硬兼施”和“经济绞杀”这三种方式。轮番攻势下，妻子大都招架不住。

● “守身”现象

许多男性出轨者在“脑疯期”会拒绝和妻子发生性行为，这让妻子感到丈夫对自己厌恶至极，甚至连最基本的生理欲望都没有。实际上，这种“守身”的现象可能与妻子本人并没有直接关联。

一方面，热恋期的男性出轨者很可能会给第三者一些承诺，比如答应她不再和妻子有任何身体接触。另一方面，热恋期的性生活频率通常比较高，男性出轨者害怕在第三者面前“掉链子”，或者被第三者察觉出异样，所以会抗拒和妻子身体接触。

婚姻的本质是搭伙过日子，倘若妻子既得不到情感支持，也得不到经济支持，还要遭受无端的责难与不尊重，那她确实没有理由继续下去。但我们必须明白，人在冲动之下做出的决定很可能存在隐患。

经历了所谓的“脑疯期”之后，许多妻子都会陷入情绪混乱的状态。她们往往还没有来得及对现实问题进行深入思考，就被逼无奈地选择了离婚。

有些女性由于缺乏法律知识，迫于经济压力或情感困扰，没能为自己和孩子争取到应有的利益保障。一旦离婚，那些在婚姻中存在不忠行为的男性，可能会选择逃避应尽的经济责任。

有些女性无法收集到充足的证据来证实丈夫的不忠行为。离婚后，男性出轨者可能会否认婚外情的存在，并坚称第三者没做过破坏别人家庭的行为，甚至公然与之大秀恩爱。这种现象不仅对受害女性的心理造成了二次伤害，也对社会道德观念构成了挑战。

离婚带来的后果是复杂且多方面的，不只限于情感创伤，还可能波及孩子、家庭成员，以及社会等多个层面。因此，无论夫妻双方经历了怎样的矛盾，离婚这一决定都应是深思熟虑之后的选择，而非情绪波动下的冲动之举。

“逼离三部曲”

男性出轨者逼迫妻子离婚通常会使用三种手段：“情感操控”“软硬兼施”和“经济绞杀”。一般而言，它们是层层递进的。

刚开始，男性出轨者往往极力推卸责任，企图将关系破裂归因于妻子。他们找出各种各样的理由来指责妻子的不足之处，并声称，正是因为妻子的某些缺点或行为，才迫使他们走上了出轨的道路。例如：“要不是你对我不好，我怎么会去找别人呢？”

这样做有两个目的：一是淡化自己的负罪感；二是弱化责任意识，将矛盾焦点转向情感需求。男性出轨者通过重构叙事将出轨行为包装成“被迫选择”，以此激活妻子的自我怀疑机制，使其产生“共谋者错觉”，误认为婚姻破裂源自双方的情感缺陷，从而在离婚博弈中抢占道德制高点。

然而，这种推卸责任的做法，使得许多妻子陷入强烈的自责情绪之中。她们不断地反思自己做错了什么，有什么地方做得不够好，以至于导致了丈夫的出轨。在这种情绪驱使下，她们非但不愿意离婚，反而会对挽回婚姻产生执念，试图采取各种方法去补救。

可这样一来，男性出轨者想要迅速离婚的计划就落空了，他们不得不重新寻找别的方法。所谓“软硬兼施”，是指一边打感情牌，降低妻子的反抗阈值；一边采用“反向激将法”，瓦解妻子的心理防线。常见话术有：

“我们先离婚，感情修复以后再复婚。”

“我还爱你，但请先放我自由。”

“我患上了心理疾病，需要一个人静一静。”

“离婚后，我不会和第三者结婚。”

“请不要消耗掉我对你的最后一点儿感情。”

“你这样拖着我有意思吗？”

“你不是经常嚷嚷着要离婚吗？为什么现在又不肯离了呢？”

“纠缠一个不爱你的人，不觉得自己很廉价吗？”

这些扎心的对白，对于经历过“脑疯期”的女性来说，或许并不陌生。越是自尊心强的女性，越容易被对方拿捏住，这套组合拳能把独立女性都逼成惊弓之鸟。

倘若妻子依然不肯离婚，拉锯战恐怕就要升级了，部分男性出轨者会采取冷暴力、打骂、性虐待等极端方式，来摧毁妻子的精神防线。然而，在婚姻危机里，最常见且立竿见影的阴招当属“财产绞杀”。

男性出轨者减少或停止对家庭的经济付出，剥夺妻子的财产知情权。倘若妻子经济能力有限，负担不起自己和孩子的日常开销，她的生存空间就会一步步缩小，很难长期坚持下去。

有些男性出轨者还会想方设法把婚内财产转移出去，埋下“夫妻共同债务”的地雷，以此制造精神恐慌。突然冻结的联名账户，深夜匿名催收电话，这些经过精密测算的心理施压手段，本质上是在逼迫妻子在离婚协议与精神崩溃之间二选一。

情感 + 经济的双重绞杀，就像把妻子绑在即将崩塌的悬崖边，还要逼她自己割断绳子。许多女性为逃离精神炼狱仓促签字离婚，没来及认真思考有关财产分配和子女抚养权等重要问题。离婚以后再向男性出轨者要说法，那就极其困难了。

发疯的真相

究竟是什么原因导致男性出轨者突然进入“脑疯期”呢?

一、理性被欲望劫持

当人们陷入热恋，大脑中会产生大量“苯乙胺”(PEA)——一种在人体内自然分泌的化学物质，被誉为“爱情激素”。它能使人产生强烈的愉悦感和兴奋感，但同时，也会带来一些副作用。

PEA 的副作用之一是可能导致自信心过度膨胀。在 PEA 的影响下，人们往往会对自我能力做出过高的估计，从而忽视潜在的风险和挑战。PEA 的另一种副作用是可能使人产生偏见和执着，丧失客观思维的能力。热恋中的人们倾向于过度理想化恋人，忽视对方身上的缺点和不足。

而所谓的“脑疯期”，其实就是男性出轨者和第三者的热恋期。在此时期，他们对第三者的感情极为浓烈，对婚外情产生许多不切实际的期待，在面对问题时选择盲目地忽视或辩护。

二、第三者突然“后撤”

有些男性最初选择隐瞒自己的婚姻状况，抱着一种轻浮的心态与第三者建立关系。他们可能认为这只是一场游戏、一种短暂的消遣，但人性的复杂性往往超越了原先的预设。

随着时间的推移，这种看似浅薄的关系逐渐深入，男性出轨者对第三者的迷恋可能会变得日益强烈。当第三者终于发现真相，想要退出这段关系时，男性出轨者往往会感到猝不及防，陷入深深的恐慌和混乱之中。

还有一些男性出轨者，原本并未下定决心离婚，可是，当婚外情到了某个转折点时，却发生了戏剧性的变化。比方说，第三者突然表达退出婚外情的意愿，或者显露出与其他异性互动的迹象。这种情况触发了男性出轨者强烈的占有欲，他们感到自己的控制权正在被剥夺，瞬间变得紧张和不安。

以上种种情况，都有可能是男性出轨者进入“脑疯期”的导火索。“脑疯期”突出一个“急”字，男性出轨者急于离婚去给第三者一个交代，担心如果不赶快离婚，就会失去第三者，为此，表现出一种非理性的疯狂状态。

从妻子的角度看，丈夫似乎长期压抑着内心的不满，才会忍无可忍，突然提出离婚。但实际上，他并非“气得发疯”，而是“急得发疯”。妻子只能看见丈夫“翻脸比翻书还快”的表象，却看不到他行为背后隐藏着的真实动机。

事实上，男性出轨者并非不能理性沟通，而是压根儿就不想和妻子理性沟通。他们缺乏正当的理由说服妻子离婚，又等不及漫长的诉讼过程，所以只能通过无理取闹的方式来逼迫妻子签订离婚协议。

三、道德脱敏

一般而言，男性出轨者在婚外情早期多少会对家庭存有愧疚感，可婚外情的过程，就是一个不断说服自己的良知和拉低自己底线的过程。他们会下意识地寻找各种借口来合理化自己的出轨行为，例如：

◆ “婚姻不幸”

男性出轨者大都有逃避婚姻的心理倾向，一方面做了坏事，本能的心虚，害怕面对妻子，另一方面他们需要更多时间与第三者相处，所以会找各种各样的借口来逃避婚姻责任。比方说制造出工作忙碌的假象，与此同时，还会刻意减少和妻子之间的交流，以免被盘问出真相。这样一来，妻子必然会对他有所不满。

随着夫妻矛盾日渐加深，争吵也越来越频繁，男性出轨者开始放大负面情绪，产生诸如“妻子不爱我”“妻子不理解我”“我的婚姻很糟糕”之类的想法，从而合理化自己的出轨行为。

婚外情暴露后，不少出轨者振振有词，“我们的婚姻本来就有问题，不关第三者的事”“婚姻不幸福，所以我才出轨”，然而婚姻问题的始作俑者正是他自己。哪段婚姻没有矛盾？假如不是婚外情的存在，矛盾或许并不难被化解，可现在，他主动制造矛盾又逃避处理问题，婚姻当然会变得不幸。

◆ 拿“爱情”当遮羞布

假如要给婚外情找一个借口，“爱情”无疑是最好的遮羞布，毕竟谁也说不清爱情到底是什么，谁也无法证明他们之间究竟有没有爱情。为消除负罪感，出轨者和第三者会以爱情为名相互洗脑，推崇“真爱高过一切”的价值观，甚至认为爱情高于道德、高于法律，简直是世界上最伟大的存在。

他们会说出那句名言“爱情里没有先来后到，不被爱的人才是第三者”，可人与人之间并没有爱情这种法律关系，第三者在法律上的定义是插足他人婚姻、破坏他人家庭和合法夫妻关系的人。

有些出轨者还反复向妻子强调“没有爱情的婚姻是不道德

的”。可是，背叛婚姻就道德吗？生而不养就道德吗？这句话的本意是让人们寻找一个相爱的人结婚，而不是用来为出轨行为开脱。

如果对婚姻不满意，那也应该先把婚给离掉，承担起自己作为父母的责任，离婚以后再去寻找新恋情，而不是为了满足私欲，忽视他人权益，伤害他人感情。

◆ 信息茧房

现代人的生活离不开手机，随着网络信息技术的发展，大数据会分析个人需求，从而投其所好，推送各种资讯。人们会反复看到自己感兴趣的内容和认同的观点，久而久之就形成了一个信息茧房。

出轨者们更倾向于接受那些美化婚外情和为婚外情开脱的内容，比如“现代社会，出轨非常普遍”“成功人士身边少不了异性环绕”“婚外情也有真爱”，等等。这些内容和观点可以减轻他们的负罪感，同时，进一步强化他们的侥幸心理。

勒庞在《乌合之众》一书中说，领袖的动员手段中，三种最有效的方法是“断言、重复、传染”，出轨者们正是用这些方法来给自己洗脑，愧疚感也在洗脑的过程中慢慢消失。继而他们变得十分疯狂，并拥有一套全新的价值观，对错误认定的东西深信不疑，坚信自己在做一件十分正确的事，甚至认为自己才是婚姻的受害者。

1971 年，美国斯坦福大学的一名心理学家菲利普·津巴多进行了著名的“斯坦福监狱实验”。该实验旨在研究在模拟监狱环境中，正常人如何在特定角色和情境下表现出不同的行为和心理反应。

实验原计划进行两周，但在短短六天后就被迫终止，因为参与者的行为和心理状态出现了极端的变化。这个实验中的所有人，都被深深卷入了自己所扮演的角色而无法自拔，不管是虐待者还是受虐者，甚至包括主持实验的教授也被卷入其中，成了维持他那个监狱秩序的法官形象。

津巴多教授在实验结束后指出，环境可以逐渐改变一个人的性格，而情境可以立刻改变一个人的行为。一个温文尔雅的绅士，在某些情境下会变成嗜血的狂魔。

有些男性原本在婚姻里是个称职的丈夫和父亲，在职场及日常生活中也品行良好。然而，一旦步入所谓的“脑疯期”，他们对待妻子和子女的态度就会变得异常冷漠，甚至和从前判若两人。

值得一提的是，这些人在面对同事、朋友等其他社会关系时，往往并没有表现出什么变化，所有变化都只针对婚姻关系。因为他们在心里给自己设定了一个“需要挣脱婚姻束缚”的角色。

“脑疯期”的男性出轨者对妻子和家庭几乎没有愧疚感。他们会频繁地发表一些令妻子感到震惊的言论，例如“这是我们两个人的事，与孩子无关”“我不认为离婚会对孩子产生什么影响”。

这种冷漠的态度往往使得妻子感到孤立无援，对孩子的未来充满担忧。当妻子希望孩子能与父亲建立一些日常的、健康的互动时，男性出轨者会认为妻子企图通过孩子来接近自己。而当妻子要求他为孩子承担一些经济责任，比如支付学费、生活费时，男性出轨者又会认为妻子企图利用孩子来勒索自己，从而更加吝啬在物质和感情上对孩子进行付出。有些出轨者甚至会把怨气撒向孩子，在潜意识里把孩子当成阻碍自己追求真爱的“绊脚石”。

倘若你看过一些早期的琼瑶影视作品，不难在脑海中搜索出几个男性角色，那种为了爱情要死要活、不顾一切的样子，就是男性出轨者在“脑疯期”所呈现出的精神状态。欲令智昏，我们不能用正常人的思维，去理解一个被欲望所劫持的人。

你越挽回，他越嚣张

婚姻危机如同狂风骤雨，不期而至，让家庭的平静瞬间被打破。面对“脑疯期”的丈夫，妻子难免会被突如其来的混乱和无措感淹没，她们可能从未见过丈夫的这一面，也可能根本就不知道有婚外情的存在。

男性出轨者往往会利用夫妻之间的一次激烈争吵作为契机，突然翻脸并提出离婚。这些争吵的起因通常是一些微不足道的小事，例如晚归、电话无法接通等琐碎问题。

有些出轨者在被妻子发现婚外情后，会采取一种狡猾的策略，先假装修复婚姻关系，暂时收敛自己的不当行为，以此来安抚妻子的情绪，然后再等待一个更合适的机会向妻子发难。

由于做了亏心事，这些人往往在刚开始时都表现出“赔笑脸”“低声下气”的态度。这样前后迥异的行为模式，给妻子造成一种错觉，让她们误以为是自己得理不饶人，过于坚持己见，才让丈夫最终忍无可忍。

许多案例里会有一个奇怪现象，明明出轨者是丈夫，可拼命道歉和挽回婚姻的人却是妻子。她们放下自尊，用谦卑的语气说：“我可以改。”然而，妻子越是低声下气，丈夫的态度往往就越发嚣张，他们冷漠地回应：“你现在道歉已经晚了，迟了，来不及了。”

一项心理学研究显示，当出轨者发现伴侣愿意为了维护婚姻而妥协时，他们往往会认为自己掌握了更多主动权，从而更加放纵自己的行为。这种行为模式不仅会导致婚姻关系进一步恶化，还可能对妻子和孩子造成更加严重的心理创伤。

妻子必须明白，如果丈夫在私底下没有隐藏、背叛或者不忠，那么就算婚姻关系出现裂痕，也不会突然进入情绪失控的“脑疯期”，他完全可以通过理性谈判的方式离婚，这对于双方和孩子都有好处，谈判不成还可以诉讼离婚，何必翻脸不认人呢？

因为在没有任何明显问题或冲突的情况下，假如男性出轨者突然提出离婚，这样的行为显得十分突兀，妻子肯定会要求他给出充分的理由，并对此产生怀疑。

男性出轨者了解妻子的性格，他们在一起朝夕相处过，他很清楚妻子的愤怒点是什么。那么有没有可能，他就是想要激起妻子的怒火，从而引发争吵，这样他才能借机提出离婚。

在激情中迷失的男性出轨者，急于抓住他们的“新欢”，选择公然与妻子决裂。有些男性甚至不惜自揭婚外关系，并将婚姻中所有问题全数转嫁于妻子，以图尽快摆脱婚姻束缚。

因此，无论妻子给出怎样的回应，丈夫最终都会翻脸。因为妻子的“挽回”对于男性出轨者而言，恰恰是一种“阻拦”。为此，他们不惜说出更加绝情的话语，想让妻子知难而退。

有的出轨者在翻脸之后会选择离家出走，甚至直接去和第三者同居。有的则经常夜不归宿，并且拒绝与妻子交流，当妻子试图提出需求或质询时，他们就会反复以离婚相威胁，吓得妻子再也不敢过问他们的行踪。

从妻子的角度看，丈夫似乎已经彻底厌倦了这段关系，极度想要摆脱自己。不少经历过婚姻危机的女性都感叹：“人变了就是变了，看起来完全相同的人，内里却完全不同，就像被魔鬼附身一样。”

男性出轨者越是企图推卸责任，妻子往往越难以下决心离婚。她们被这突如其来的一棒给打蒙了，瞬间失去对生活的掌控感，转而被一种无尽的困惑和自我质疑所淹没。她们反复咀嚼着丈夫说过的每一句话，想要从这些话里找到挽回婚姻的线索。然而，这种做法更是在误导自己。

男性出轨者在“脑疯期”所说的话，往往具有强烈的煽动性，又带有令人迷惑的感染力。他们已经在内心深处把出轨行为合理化，并形成一套完整的逻辑。处于慌乱之中的妻子，很容易被这些“歪理邪说”牵着走，从而误以为是自己搞砸了婚姻。

笔者总结了几条男性出轨者在“脑疯期”的惯用话术：

◆“你不好（细数妻子的种种不是），所以我才出轨。”

这是典型的受害者有罪论。

婚姻内部矛盾和出轨是两种性质截然不同的问题，倘若丈夫觉得妻子有哪里做得不好，可以尝试沟通并解决问题，解决不了还可以选择离婚。离婚以后和谁在一起是他的自由，但在婚姻存续期间出轨属于道德败坏行为，任何婚姻矛盾都不是出轨的借口。

◆“我现在就是要跟你离婚，是你自己不肯离。”

丈夫有提出离婚的权利，妻子也有拒绝的权利，不是他提了离婚，妻子就必须立刻答应。出轨行为本身严重侵害了妻子对于婚姻关系的知情权，她需要时间进一步核实并查明真相，拒绝离婚完全具备正当性。

我国法律保障公民婚姻自由，协议不成还可以选择诉讼，起不起诉是丈夫的自由，签不签协议是妻子的自由。然而一天没有判决离婚，丈夫就必须负一天家庭责任，遵守一天婚姻道德。

为什么男性出轨者不直接起诉离婚？原因可能有以下几点：

1. 提起离婚诉讼涉及许多法律程序和手续，通常需要耗费相当长的时间，男性出轨者担心第三者可能会因为漫长的离婚程序而失去耐心，选择离开。

2. 假如婚外情还没有曝光，迅速离婚就不用承担任何名誉损失。

3. 做了亏心事本能地心虚，部分男性出轨者不太愿意对簿公堂。

4. 离婚诉讼可能会对他们的工作前景产生负面影响。

5. 若存在转移财产的行为，男性出轨者会担忧在离婚诉讼中被查出，从而承担法律责任。

倘若男性出轨者和第三者已经达成共识，并且没有其他方面的顾虑，那么逼迫妻子离婚不成功，通常很快就会提起诉讼。

◆ “我现在不爱你了，不需要再对你负责。”

不管爱或不爱，妻子作为一个有正常自理能力的成年人，都不需要别人负责。但步入婚姻就要履行婚姻责任，生下孩子就要尽到父母义务，生而为人就要对自己的所作所为负责。

男性出轨者试图向妻子灌输一种观点，即“婚外情是夫妻感情破裂之后的产物”，这样就可以弱化出轨行为本身对婚姻造成的伤害，为自己和第三者的不道德行为开脱。

然而，导致婚姻出现危机的最直接原因往往就是婚外情的出现。如果没有第三者的介入和干扰，夫妻之间的感情通常不会如此迅速地走向破裂。否则为什么在第三者出现之前，他没有提出离婚呢?

面对丈夫的强词夺理，妻子恐怕说得再多也无法让他们认识到错误。笔者总结这些话术并不是用来反驳出轨者，而是希望借此让妻子理清思绪，避免被对方的“歪理邪说”带偏。

男性出轨者在“脑疯期”往往会竭尽所能为自己辩护，试图将妻子塑造成一个“活该遭遇背叛”的人。然而，不管妻子自身存在何种问题，都不是丈夫出轨的理由。

电视剧《三体》里有一句经典台词：“当你尝试和敌人共情的时候，就已经颠覆了你的是非观，你的情感会影响你的判断，你的善意就会被利用。”

不要试图去理解一个疯子并和他讲道理，此时此刻，他的所有言论都以自我为中心。被欲望劫持的男性出轨者本身处于一种非理性状态，他连对自己负责都做不到，更别说对家庭和孩子负责。

“脑疯期”应对策略

经过对 63 个相关案例样本的深入剖析，笔者发现其中 21 对夫妻在“脑疯期”现象出现后的一年内选择了离婚，在三年内，离婚夫妻数量攀升至 39 对。值得注意的是，在剩余案例中，仅有 4 位丈夫成功断绝了婚外情关系。

通过这些数据，我们可以得出一个结论：那些经历过“脑疯期”的夫妻，在最终修复婚姻关系的成功率上，显著低于未曾经历过这一阶段的夫妻。对此，原因可能有哪些？

◆ 出轨者情感彻底发生转移

许多男性出轨者在“萌芽期”和“游离期”仍然保持着与妻子的日常交流和互动，但到了“脑疯期”，他们的情感焦点完全转移到第三者身上，对妻子则本能地采取回避态度，甚至表现出冷淡、疏远等行为。久而久之，夫妻感情被消磨殆尽。

◆ 生活和思想都不再同频

一部分男性出轨者在“脑疯期”会选择离家出走，他们可能在外面租房居住，也可能回到父母家中居住，又或者干脆和第三者同居。即便是那些依然留在家里的男性出轨者，多数也会同妻子分房而睡，并通过手机与第三者保持紧密联系，正所谓“身在曹营心在汉”。

夫妻分居一段时间后，原先维持的生活习惯就会逐渐消失，男性出轨者对家庭不再有归属感。而假如他和第三者一起生活，那又会建立起新的生活习惯，当生活、思想和情感都不再同频，婚姻也就名存实亡。

◆ 情感过敏

笔者在《婚姻心理学》一书中提及“情感过敏”这个词：人们的心理也会对特定的人或情感，产生类似过敏的现象，表现为一种近乎本能的抗拒和疏远。男性出轨者为了合理化出轨行为，会长期进行自我暗示，把妻子想象得非常糟糕，从而越来越抗拒和妻子接触。

情感过敏并非单方面，随着时间的推移，妻子逐渐恢复冷静，不再像刚开始那样企图挽回已经变心的丈夫。在遭受了深重的情感创伤后，她们同样可能对丈夫产生抵触心理。

◆ 无法再去信任彼此

“脑疯期”往往意味着夫妻双方彻底撕破脸，把离婚问题摆到台面上来。随着冲突愈演愈烈，涉及财产、名誉、抚养权等每个问题都非常现实，严重的甚至会把父母和孩子都卷进这场婚姻大战。当双方矛盾达到无法调和的程度时，彼此之间的信任将彻底瓦解。

由此可见，婚姻危机发展到“脑疯期”阶段，已不再是单纯的情感危机，而是彻彻底底的现实危机。倘若还想通过情感手段来挽救婚姻，那么妻子可能会错过为自己和孩子争取权益和保障的最后时机。

那面对男性出轨者的“脑疯期”，女性应该如何应对呢？

一、不能顺着出轨者的思路走

在“脑疯期”阶段，男性出轨者一心想要尽快离婚，还想把出轨的责任推卸到妻子头上，所以很可能会故意误导妻子。比方说，他会强调在婚姻中的牺牲和不满，从而让妻子误认为是她自己的问题导致婚姻破裂，并因此产生内疚感。在这个过程中，妻子无论怎么解释都没有用，而且往往说得越多越被动。

当别人故意诬陷你，你还顺着他的思路进行解释，就很容易掉进“自证陷阱”。出轨者说你不爱他，你便想方设法证明自己爱他；出轨者说你不想好好过日子，你便想方设法证明自己想要好好过日子。可既然犯错的人是他，为什么却要你来证明自己没有错呢？

“自证陷阱”的可怕之处在于，它将你的注意力从事实本身转移到了无尽的自我辩护上，你可能会因此而忽视真正需要解决的问题。可悲的是，你越是努力证明自己，就越显得像是在承认对方的指控。

请仔细想想，男性出轨者想要达到的最终目的是什么？

- “放他自由”：成全他和第三者。
- “帮他背锅”：把婚姻破裂的责任归咎于你。
- “替他和第三者洗白”：不再追究他们的丑事。
- “减少离婚损失”：少分或者不分财产给你。

假如你顺着出轨者的思路走，最终就会达成他想要的结果，可这显然并不是一个对你和孩子公平公正的结果。

很多人戏谑：“出轨男好像都是同一个学校毕业的。”有些男性在日常生活中可能并不怎么聪明，但当他们出轨以后，似乎瞬间变得异常精明，尤其在算计妻子这件事上，可谓是智商爆表。

其实这种现象的出现，很大原因是婚外情中的信息不对称。在一段稳定的婚姻关系中，妻子通常会以诚实、信任为基础，去理解和接纳丈夫的行为和情绪，但当丈夫选择出轨时，他往往能够利用这种信息差。

妻子无法看清丈夫内心的真实想法，男性出轨者却可以清楚地观察和分析妻子的反应，甚至利用她的信任和善良。毕竟，站在暗处去算计一个站在明处的人，要容易得多。

二、放下挽回婚姻的执念

“脑疯期”是婚外情中的一个特殊阶段。在这个时期，男性出轨者大脑中的多巴胺、去甲肾上腺素等神经递质大量释放，使其产生强烈的愉悦感和兴奋感。这种状态会让人忽视潜在的风险和后果，全身心地投入对第三者的感情中。

一项研究表明，“脑疯”状态可能会持续 12 至 24 个月，甚至更久。

有些妻子试图去和丈夫讲道理，告诉他们出轨行为是错误的，离婚会对孩子造成很大伤害，并恳请长辈和亲友出面劝说丈夫，希望借助外部力量来改变局面。然而，这种努力往往收效甚微，甚至可能产生反效果，让男性出轨者的离婚态度更加坚决。

当一个人决定跨越道德底线、投身于不道德的行为时，他的内心世界会构建起一道无形的屏障，将所有试图阻止他的人都视为敌人，无论是德高望重的长辈，还是亲密无间的朋友。

亲友的劝说，尤其是道德上的谴责，反而可能激发他们内心深处的叛逆情绪，并有可能触发“禁果效应”，让男性出轨者产生一种“即使与全世界为敌，也要追求所爱”的冲动。往往别人越拦着他，他就越想和第三者在一起。

想象一下，你站在悬崖的边缘，试图挽救即将坠落的人，那是怎样的一种无力与绝望。你伸出手，竭尽全力，但对方已经决定沉溺于欲望的深渊，你的坚持只会让自己陷入更深的困境，甚至可能粉身碎骨。

请放下挽回婚姻的执念，感情发展自有轨迹，或许你不去给他们增添阻力，激情反而消耗得更快一些。

三、克服对离婚的恐惧感

面对丈夫突如其来的“脑疯期”，大多数妻子都很难在短时间内理清思绪。她们可能从未认真思考过离婚这件事，从而本能地产生一种畏惧心理，导致思维混乱，无法做出最符合自己利益的决定。

许多男性出轨者也会利用妻子对离婚的恐惧感来操控她的情绪，反复向她施加压力。恐惧如同一把精神枷锁，让人陷入消极情绪中，不断地质疑自己，反复回想过去犯下的错误，甚至对未来产生无尽的悲观情绪。所以，无论离婚这件事最终会不会发生，妻子都需要为此做好心理准备并克服对它的恐惧感。

每个人都有害怕的时候，对未知的不安、对失去的痛苦、对失败的担忧。恐惧不是弱点，更不是耻辱，它只是人类所共有的一种情绪。心理学家亚伯拉罕·马斯洛在他的需求层次理论中提到，自我实现的过程就包括了接受并处理自己的恐惧。

恐惧源于未知，源于我们对可能发生情况的过度想象。因此，面对恐惧的最好方式就是去了解它，去直面隐藏在情绪背后的真相。

不妨设想一下，假如离婚这件事情不可避免，你打算如何面对接下来的生活？能分得多少财产？要不要争取抚养权？有没有足够的人力和财力抚养孩子？

这种对于离婚的设想，就如同治疗恐惧症的暴露疗法，把自己逐步暴露于恐惧之中，让身体和大脑逐渐适应这种感觉，从而减少恐惧的反应。

四、无视对方的非理性行为

倘若妻子一时半会儿难以做出选择，那就应该尽可能回避处于“脑疯期”的男性出轨者，不管他使出什么招数都不做回应。婚姻不是单方面想守就能守住的，既然阻止不了，你就得让自己冷静下来。

只有恢复理性思考，你才能理解当前的困境，重新评估自己的需求，以期寻找可能的解决方案。危机当前，不要将宝贵的时间和情感浪费在一个被欲望控制的人身上。

许多女性做不到无视丈夫，她们害怕不去回应会使得对方生气，从而错失挽救婚姻的最后机会。男性出轨者可能会反过来利用妻子的这种心理，将她的回应视为弱点，操控她的情绪，变本加厉地逼她离婚。

事实上，不管男性出轨者以怎样的话术开头，一旦涉及婚姻或感情话题，最终目的都是向妻子施压。对此，最好不要抱有任何幻想。

◆ 不要再去过问男性出轨者去了哪里、做了什么（事实上你也管不了），给他充分的自由。

◆ 有关孩子、金钱等实际问题可以正常找他交流。但凡涉及感情和婚姻的话题，都不做任何回应。

一些细心的妻子总结出规律，当男性出轨者通过手机进行交流时，语气和态度往往会显得异常凶狠、咄咄逼人。可当妻子与他们面对面交流时，似乎又没有那么可怕。

首先，做贼难免心虚，出轨者也知道自己理亏。在手机上他可以虚张声势，面对面则多少有些紧张，所以更倾向于通过发信息和打电话的方式来逼迫妻子离婚。

其次，男性出轨者需要给第三者交代，让她相信自己正在努力离婚，所以会把信息截图给第三者看，或者当着她的面打电话。这时候他会故意说些狠话，表现出与妻子决裂的态度，否则第三者也不会轻易相信他。

与此同时，许多男性出轨者会刻意在第三者面前把自己包装成“婚姻受害者”，他们通过夸大或捏造自己在婚姻中的不幸遭遇，试图博取第三者的同情和支持。毕竟，谁都不会想要嫁给一个抛家弃子的“渣男”。

为了保持这个虚假的形象，避免在第三者面前露馅，男性出轨者在交流过程中会不断地给妻子泼脏水，扣上各种莫须有的罪名，并且，他们不会给妻子任何解释和反驳的机会。

所以，妻子根本没必要回复此类信息，但也犯不着把对方拉入黑名单，他打电话来的时候，把手机放在一边，别去管它就行。

很多时候，男性出轨者只是为了给第三者一个交代，才隔三岔五逼迫妻子离婚。假如妻子不回应，他可以随意编造理由来安抚第三者，央求第三者再给他些时间。可一旦妻子回应了，他反而要把“逼迫离婚”这件事情进行下去。

对于男性出轨者而言，离婚是为了留住第三者，倘若不离婚就能天天和第三者在一起，那他也不用着急了。所以，当妻子采取“无视”策略后，不少男性出轨者逼迫离婚的节奏都会慢下来。除非第三者态度非常坚决，不接受这种安抚，他们在逼迫妻子无果的情况下，才会考虑起诉离婚。

事实上，妻子是否回应，以及如何回应，都不会对婚姻结果造成影响，只是协议离婚和诉讼离婚的区别。

诉讼过程通常会经历一个较长的审理阶段，对于妻子来说相当于一个缓冲期，她可以利用这段时间来调整自己的心态，接受即将发生的变化。同时，这也为她提供了处理实际问题的时间，比如财产分割、子女抚养权、居住问题等。她可以咨询法律专业人士，了解自己的权益，制定合理的财务规划，以确保离婚后的生活稳定。

实际问题越早做准备，容错空间就越大。租的房子不满意，还有时间去更换；父母不能帮忙带孩子，还有时间去物色保姆。不要等危机来临时慌不择路，那样只有被动挨打的份儿。

“无视”最大的难点依然是控制情绪。在面对对方的无理逼迫时，许多女性会感到自尊心受到严重伤害，在这种情况下，她们往往难以忍受，最终选择离婚来结束痛苦。

你需要迫使自己勇敢起来。请相信，处于“脑疯期”的男性出轨者不过是一只纸老虎，正因为他处理不好自己的问题，才会试图将负担和责任转嫁给你。然而，你只需要保持镇定，勇敢地面对一切，就会发现根本没必要理会那些威胁。

五、及时止损

男性出轨者在婚外情初期被爱情冲昏头脑，往往都迷之自信，认为就算自己一无所有，第三者也会愿意和他在一起。可等他慢慢冷静下来，就会意识到自己的想法十分幼稚，重组家庭需要大量经济基础作为支撑，放弃财产没准会落个鸡飞蛋打的结局。

在探讨婚姻危机时，我们不能忽视一个非常重要的现象，即男性出轨者在婚外情的不同阶段，对待财产分配的态度往往会发生显著转变。这一过程，尽管在个体间可能存在差异，但总体上呈现出一种可观察的模式。

在“萌芽期”和“游离期”，他们多数还保持着对家庭的责任感和对妻子的愧疚感，可能会通过物质方式来弥补对家庭的亏欠，或者主动提出财产分割的方案，以表达对家庭的歉意和对错误行为的自我惩罚。

然而，进入“脑疯期”以后，男性出轨者对家庭的愧疚感逐渐被以自我为中心的欲望所取代。他们可能会变得越来越自私和吝啬，对妻子和孩子的经济支持大幅减少。有些男性完全推翻之前的承诺，甚至反咬一口，试图侵占妻子的财产。

妻子往往没有预料到会有这样的变化，她们舍不得放弃沉没成本，总想着让男性出轨者兑现之前的承诺，到后来，离婚条件却越来越苛刻。

“脑疯期”或许是妻子保护权益的最后机会，虽然男性出轨者对家庭不再抱有愧疚感，但因为急于离婚，或许还会愿意在财产方面做出些许让步。也就是说，此时此刻还存在一些谈判的空间。

如果一段婚姻已经无法挽回，那么在做好充分的准备和考虑之后，选择及时止损，尽可能为自己和孩子争取到更多的权益，也是一种明智之举。

案例解析

案例一

仝丽茜的生活突然陷入了一场风暴，丈夫李夏雨的工作变得异常繁忙，动不动就加班应酬，夫妻俩经常为此吵架。某天，仝丽茜在丈夫的手机上发现一条含有暧昧内容的信息，便质问他是怎么回事。

起初，李夏雨还百般解释，可没过多久，他的态度就发生了显著变化，非但拒绝承认自己有错，反而指责妻子偷看他的手机，认为妻子对他不信任。从婚前的彩礼问题到婚后的婆媳关系、育儿分歧、性生活不和谐，等等，每个或大或小的矛盾都成为他指责全丽茜的理由。

李夏雨越说越激动，最后竟然对全丽茜提出离婚。

因为想要挽回婚姻，全丽茜主动向丈夫低头，当着双方父母的面向李夏雨道歉。然而，李夏雨的回应却充满了讽刺与冷漠，他说："你以前不是经常吵着要离婚吗？怎么现在又不肯离了呢？"

面对丈夫一次又一次言语羞辱，自尊心极强的全丽茜痛苦不堪，她无法忍受这种持续性的折磨，最终在李夏雨的激将法诱导下，无奈地领证离婚。在这个过程中，全丽茜没有为自己和孩子争取到应有的财产补偿，在巨大的精神压力下，她已经失去了为自己争取权益的勇气和力量。

然而，刚离婚没多久，李夏雨就带着新女友四处秀恩爱，仿佛在向全世界宣告他的新恋情，并且坚称两人是在他离婚以后才在一起的。他的突然转变，以及离婚前的种种异常行为，都像一块块拼图，拼凑出一个全丽茜不愿接受的事实。

然而，她没有任何确凿的证据能够证明李夏雨婚内出轨。眼看着前夫和第三者双双"洗白"，并没有为他们的卑劣行为付出任何代价，全丽茜内心极其愤怒，却又无可奈何。

案例分析：

全丽茜的故事是一个典型的"顺着出轨者思路走"的例子。面对突如其来的婚姻危机，我们需要保持头脑清醒，尤其在没弄清楚状况的情况下，不能一味相信对方所说的话。

正所谓“事出反常必有妖”，当一个人的行为举止与以往截然不同，让你感到困惑和不安时，不要急于做出决定，也不要被他的言行所左右。因为，异常行为往往是一种掩饰，你需要冷静下来去调查其背后隐藏着的真实动机。

仝丽茜没有意识到丈夫正处于出轨的“脑疯期”阶段，被他的花言巧语和激将行为所迷惑，最终在无法承受压力的情况下选择离婚。在这个过程中，男性出轨者巧妙地利用了妻子的情绪弱点。

● 案例二

江萧柠原本过着平静安逸的生活，她的丈夫丁志翔通过做小生意积累了一些资产。然而，在孩子 7 岁那年，平静的生活被打破。江萧柠发现，丁志翔竟然和一名女店员有染。她找到丈夫，要求他开除这名女子。丁志翔却出乎意料地坦白，声称自己已经爱上了第三者，不愿与其分开。

江萧柠的内心被失望和痛苦淹没，每天都在离婚与不离婚之间反复挣扎。姐姐江晓云曾有过类似经历，因为心软，惨遭前夫算计，她对江萧柠说：“婚姻没了可以再找，但财产没了就是真的没了。”

江晓云的话像一记警钟，敲醒了江萧柠，她开始反思自己的处境。孩子刚上小学，需要大笔教育资金。家里有两套房子，但自己只有一半产权，假如按照相关法律执行，离婚所得财产不足以支撑她和孩子未来的生活。

在深思熟虑和反复权衡后，江萧柠做出了一个至关重要的决定，那就是及时止损。她对丁志翔说："我愿意成全你的爱情，但是希望你可以保证我们母子二人的生活质量。"

此时，丁志翔对家庭尚有愧疚感，他认为自己以后还能挣到更多的钱，于是同意将两套房产留给江萧柠和孩子，他只要车子和一些存款。

离婚后，江萧柠带着孩子住一套房，将另一套房出租。这样一来，她每年都能获得一笔稳定的房租收入，加上她自己的工资收入和孩子的抚养费，生活基本上维持原有水准，没有出现明显下降。

丁志翔的人生却并没有他自己所期望的那样顺利。离婚后，他的生活成本显著增加，经营的小店也面临诸多挑战，生意每况愈下。第三者发现他经济窘迫，居无定所，便不愿继续交往下去。

案例分析：

婚姻危机的表象是情感危机，但更深层次的经济危机才是问题的实质。到了"脑疯期"阶段，妻子不能再把注意力集中在千变万化的感情上。离婚，无疑是对情感的重击，它会带来深深的失落感和对自我价值的质疑。然而，更实际的挑战在于生活的重构。

有些女性无法同时应对工作和育儿的双重压力，这可能会导致她们失去对孩子的抚养权。有些女性经济能力有限，无法为孩子提供稳定和良好的成长环境，更别提优质的教育资源。

许多女性在离婚后才深刻体会到，相较于虚无缥缈的感情，现实生活中的各种问题才更加严峻和复杂。然而在面对婚姻危机时，女性往往会被强烈的情感痛苦所淹没，忽视了自我保护和长远规划的重要性，又或者始终对婚姻抱有一线希望，错过了及时止损的最佳时机。

感情是千变万化的，但你的人生只有一次，孩子的人生也只有一次。在婚姻危机里，我们最需要保护的不是爱情，也不是婚姻，而是自己和孩子的未来。

● 案例三

陈宇善，一个在事业上春风得意的中年男子，获得了年轻貌美女性的垂青，为了和情人朝夕相处，陈宇善向妻子蒋雯提出离婚。蒋雯是一位家庭主妇，自从结婚以来，她就把全部心血倾注在了照顾家庭和两个孩子的教育上。面对丈夫的突然变心，她无法接受现实，坚决不同意离婚。

然而，陈宇善却威胁说要和蒋雯争夺抚养权，还扬言要把两个孩子都送回农村老家，不让他们继续留在大城市里读书。蒋雯爱子心切，她担心一旦走上诉讼离婚的道路，孩子的未来将因此变得扑朔迷离。在这种压力下，她被迫选择妥协，与丈夫进行离婚谈判。

谈判桌上，陈宇善提出了一个看似公平却深藏玄机的方案：将两个孩子的抚养权，以及一套老旧的自住房交给蒋雯，而另一套贷款买的新商品房则归自己所有。他给出的理由是，蒋雯目前缺乏稳定收入来源，不具备偿还新房贷款的能力。

蒋雯表示自己负担不起两个孩子的生活和教育费用，希望对方一次性给付 60 万元现金，陈宇善推说自己一下拿不出这么多钱。蒋雯提出让他把商品房卖掉折现，陈宇善又说现在房市低迷，卖房损失太大。

在双方僵持不下之际，陈宇善突然改变策略。他以“高额抚养费”为诱饵，承诺离婚后每月支付蒋雯两万元抚养费。这个数字对于蒋雯来说无疑是一笔巨款，足够支撑起孩子们的生活和教育费用。在陈宇善的诱导下，蒋雯最终同意了这一方案，并在离婚协议书上签字画押。

然而，令人意想不到的是，离婚后陈宇善并未履行承诺。他总计只给了不到半年的抚养费，之后便长期拖欠。蒋雯多次联系陈宇善讨要抚养费，都被他以各种借口搪塞过去。在催促无果后，蒋雯终于忍无可忍，将陈宇善告上法庭。

岂料在法庭上，陈宇善的态度却异常强硬。他声称自己已经失业，无力支付高额抚养费，申请按照最低标准执行。原来，离婚后，他对事业重新进行了布局，并转移名下所有财产，面对前妻讨要抚养费的要求，索性直接“摆烂”。

案例分析：

遭遇背叛的女性，在婚姻危机里属于被动迎战的一方。主动提出离婚的男性出轨者则不同，他们早已仔细盘算过这件事，在某种程度上掌控着这场危机的进程和节奏。男性出轨者可能会在沟通中采取更为圆滑的策略，但他们的妻子很难意识到这一点。

上述案例里，陈宇善就很清楚孩子是妻子蒋雯的软肋，于是把抚养权当成要挟蒋雯协议离婚的筹码。另一方面，他涉嫌转移财产，诉讼离婚有可能被查出来，可惜蒋雯对此并不了解。

陈宇善果真想要抚养权吗？一个真正爱孩子的人，不会轻易使用孩子作为筹码，更不会在孩子的情感需求和稳定生活面前，选择将其作为要挟的工具。由此可见，陈宇善并不怎么爱孩子，也不是真的想要抚养权。

许多男性出轨者在离婚谈判时，对抚养权的态度往往并不真诚，他们的关注点更多地放在如何尽快结束婚姻，以及如何最大化保护经济利益上。在很多情况下，第三者也并不愿意接手一个已经成形的家庭，承担起后妈的角色，她们更倾向于拥有一个全新的开始。然而，男性出轨者有可能会把“争夺抚养权”当成一种策略，迫使妻子在离婚协议中做出更多的让步。

此外，陈宇善为了说服蒋雯放弃另一套房产，利用“高额抚养费”作为诱饵，这种手段在类似的离婚案件中并不罕见。有些男性出轨者甚至会写下借条，然而，离婚后向他们追讨这些债务却变得异常困难。

面对突如其来的婚姻危机，许多女性还来不及对法律条款进行深入了解。她们过于依赖口头上的承诺或是一些书面协议，没意识到这些承诺可能并不具备强制执行力。

因此，当婚姻关系出现严重问题，面临即将破裂的风险时，我们应当迅速采取行动，积极了解和掌握法律知识。尤其对于“财产分割”和“子女抚养权”相关的法律规定，必须做到心中有数。

通过深入学习这些法律条款，不仅能够更好地保护自身合法权益，还能在情感和心理上做好充分准备，以应对可能出现的各种复杂情况，避免在情绪波动和对方的花言巧语面前迷失方向，做出不利于自己的决定。

● 案例四

梁琼莹为了给前夫罗战和第三者的结合制造更多困难，故意放弃了孩子的抚养权。她坚信，离婚后罗战无法独自照顾孩子，肯定会向她求助。然而，她没想到，罗战竟然把孩子丢给他的父母照顾，而且一家人还找各种借口，阻止梁琼莹探视孩子。为了夺回孩子的抚养权，梁琼莹费尽周折，差点因此耽误了孩子入学。

案例分析：

因婚外情导致的婚姻破裂，夫妻双方离婚后往往存在着深深的伤害和怨恨，这使得他们在后续沟通中面临巨大的困难。因此，对于房产分配、子女抚养权、补偿金等重大问题，最好能在离婚协议中一次性解决，避免留下后患。

此外，在财产和抚养权问题上，每一种选择都可能带来不同的后果，需要冷静下来深思熟虑、全面权衡，以确保每一个决定都基于实际需求和长远考虑。

当第三者成功地占据了原本属于原配的位置时，她们的心态和行为可能会变得微妙而复杂。很多第三者都会对男性出轨者与前妻因孩子而产生的联系感到不安，毕竟抢来的东西本能地害怕被抢回去。

倘若抚养权落在第三者手中，她可能会暗中阻挠前妻探视孩子。不同于一般的继母，第三者毁掉了孩子的原生家庭，所以本能地害怕孩子与生母关系过于亲密。前妻往往会因此陷入两难境地，既不想和孩子关系疏远，又担心频繁探视会让孩子在新家庭中处境艰难。

许多男性出轨者为了维护新建立家庭的稳定，对第三者言听计从。他们可能会选择与前妻保持距离，甚至忽视对孩子的抚养责任，如拖欠抚养费、不去探视孩子。

综上所述，面对婚姻危机，我们需要理智、冷静地分析问题。既要勇于面对现实，及时止损，又要避免因焦虑而做出冲动的决定。同时，还需要全面地考虑离婚后可能面临的各种情况。

第六章 『胶着期』，离不掉也过不好

让过去过去，让未来到来。

什么是“胶着期”

“胶着期”是指夫妻二人长期处于“胶着”状态，既不离婚，也无法修复感情。这种状态可能是双方在反复的争吵与和解中，无奈地达成了一种微妙的平衡，也可能是其中一方在疲惫和恐惧中选择了妥协。

在经历激烈的“脑疯期”后，如果夫妻双方没离婚，那么有很大一部分婚姻会进入“胶着期”。男性出轨者不再急于离婚，但也不会停止婚外情。这种心理状态下的男性，往往会对家庭生活产生一种“置身事外”的状态。

许多女性都想知道这个时期的丈夫究竟在想些什么，他们不像“脑疯期”时那样疯狂地逼迫离婚，但也不和自己深入交流，大多数时候选择避而不见。这种行为的出现，可能源于一些复杂的心理动因。

感情发展自有轨迹，婚外情也不会一直处于热恋状态。激情冷却后，男性出轨者们慢慢冷静下来，对第三者的感情已经没有最初那么强烈。当理性重回大脑，占据主导地位，他们不难意识到实际问题。

离婚的过程往往伴随着高昂的成本，这不仅可能导致个人资产大幅缩水，还可能失去对孩子的抚养权，甚至背上沉重的道德罪名。与此同时，如果选择与第三者结婚生子，那么又将面临一大笔经济开支。面对这些复杂的情况，有三条路摆在他们面前：

第一条：回归家庭

当这个选项出现在“脑疯期”之后，复杂性显而易见。夫妻双方大概已经经历过无数次激烈的争吵，伤害和痛苦在无声中积累，难以愈合。男性出轨者自己也清楚，闹到这个份儿上，夫妻之间被破坏的信任很难重建。

第二条：“两边都占”

体验了婚外情的新鲜感和刺激感，许多男性出轨者都无法再像从前那样安于家庭生活，“两边都占”的选项显然对他们最为有利。婚内有妻子照顾家庭，婚外有第三者满足情感需求和性需求，正所谓“东食西宿”“情感外包”。

然而，经历了“脑疯期”狂风暴雨般的撕扯，第三者那边恐怕也很难被长期哄骗下去。于是不少男性抱着“过一天是一天”的态度，试图在两个女人之间找到一种微妙的平衡。只要妻子没有提出离婚，第三者也没有选择离开，他们就不会主动去打破这种暂时对自己有利的局面。

第三条：计划离婚

仍然有相当一部分男性出轨者在暗地里继续执行着离婚计划，但他们改变了策略，选择以一种看似平和、实则充满算计的方式来处理婚姻关系。值得一提的是，离婚计划不一定和第三者有关，它可能分为两种情况：

◆ 和第三者达成一致

热恋，正如它的名字所示，通常是双向的，而非单向的。“脑疯期”时为爱疯狂的不只有出轨者，往往还包括第三者。随着时间的推移，第三者也会慢慢冷静下来，考虑到实际问题。

她可能不会再像之前那样逼着男性出轨者尽快离婚娶她，而是倾向于让他多争取一些财产。在这种情况下，男性出轨者就有了充分的时间来转移婚内财产，不用再担心第三者会随时离开他。

◆ 单纯为了降低离婚成本

经历了“脑疯期”的动荡后，夫妻之间的感情可能已经脆弱到无法修复的程度，即使与第三者结束关系，许多男性出轨者也并不想回归家庭。他们中有些人因为实际问题和第三者产生矛盾，又或者激情退去后不打算再与第三者结合，但出于对自身利益的维护和对未来不确定性的恐惧，仍然会积极转移婚内财产。

事实上，在这个阶段，不少男性出轨者都做着“两手准备”，先尽可能维持“两边都占”的有利局面，等到实在维持不下去的时候再考虑做出选择。因此，他们不再像“脑疯期”时那样步步紧逼，偶尔还会向妻子做出一些修复婚姻关系的举动，试图用这种方式来混淆视听。有的妻子误以为雨过天晴，危机已经过去，殊不知温柔一刀最致命。

小心，保护好你的财产

在探讨男性出轨者如何转移婚内财产的复杂议题时，我们不得不深入剖析这一行为背后隐藏着的层层谎言。为实现这一目标，出轨者们可能会展现惊人的伪装能力和欺骗手段。对此，有几个明显特征值得警惕：

● 收回财产自主权

他们不愿再和妻子分享详细的财务信息，包括工资、奖金或其他额外收入，日常支出和大额消费也不和妻子商量。如果之前习惯将工资卡等重要的财务工具交给妻子保管，那么现在可能会要求收回。

曾有新闻报道，某男子在与妻子离婚前，私自将存款、工资收入等转移至自己母亲名下，这样的例子并不鲜见。

● 减少对家庭的付出

他们不愿继续承担家庭开销，对自己付出的每一分钱都斤斤计较，甚至包括花在孩子身上的费用。

● 提议出售不动产

如果男性出轨者提议出售或置换共同拥有的不动产，那么妻子一定要提起十二分的警惕，因为这可能是他试图转移财产的策略。房产作为固定资产，其价值较为稳定且不易被转移。

这些男性可能会给妻子“画饼”，比如购买一套更大的房子，或者置换学区房，从而让妻子相信这是一个对家庭有利的决定。然而，在夫妻感情破裂的情况下，这样的提议很可能是一种陷阱。

更进一步，有的男性出轨者甚至会提出将卖房所得款项全部打入妻子账户，以显示透明度和诚意。然而，他们或许早已预谋好后续的步骤，通过各种手段，如虚构债务、投资失败等理由，将这些资金悄无声息地转移出去。

● “移花接木”

有些男性出轨者还会利用家庭成员、朋友或专业人士作为“挡箭牌”，制造假象以迷惑配偶和外界。例如，他们可能会假借朋友之名开设银行账户，或者委托律师、会计师等专业人士进行复杂的财务操作，以逃避监管和追踪。

● 故意欠下债务

男性出轨者可能会编造出各种看似合理的借口，声称自己陷入了财务困境（如投资失败、生意周转等），需要大笔资金来偿还债务或应对紧急情况。他们可能会向妻子提出出售共同的房产，或者诱导妻子签署相关文件，以获取大量资金。

当妻子表示疑虑或拒绝时，出轨者常会采取情感勒索的策略，用言语压力来迫使她妥协：“你不是说要跟我好好过日子的吗？连帮我一次都不肯？”“你跟我还是不是一条心？”“既然你不愿意帮我，那就离婚吧！”

许多妻子深知丈夫行为不端，但往往被一种无形的恐惧所束缚——担心拒绝丈夫的要求会导致婚姻关系破裂，进而影响到自己和孩子的未来。然而，男性出轨者并不会因为妻子的妥协而心生感激，相反，可能会因此变得肆无忌惮，一而再，再而三地试探妻子的底线，进而提出更加无理的要求。

有位妻子试图让向她借钱的丈夫“等一等再说”，却被丈夫抓住她这句话当把柄，声称自己一直在等待，从而错过了其他筹钱的机会，反复逼着她兑现“承诺”。

解释越多越容易被对方拿捏住，所以最好的态度就是不回应。当你不由自主去满足男性出轨者的要求时，不妨冷静下来仔细想一想，你是真的信任他，还是试图证明自己信任他?

在婚姻危机里，一旦发现对方有转移财产的迹象，应当立即咨询法律专业人士，并采取法律手段维护自己的合法权益，尽可能搜集对方转移财产的证据。法律提供了多种救济途径，受害者可以通过诉讼，要求法院确认转移行为无效，并追回被转移的财产。

情绪操控：“打一巴掌给颗糖”

经历过或正处于“胶着期”的妻子们，是否察觉到有这样的规律？

每当你在心中反复酝酿情绪想要离婚的时候，男性出轨者就会主动示好，譬如关心、陪伴孩子，给予一些物质上的付出（但不会太多）。而当你期待对方承担起应有的家庭责任时，他可能又会表现出相反的态度，变得疏远、冷暴力、推卸家庭责任，甚至出现失联的情况。

我们不得不提到情绪操控。它不是什么神秘的催眠大法，也不是男性出轨者掌握的独门绝技，而是一种在人际交往中可能被利用的心理策略，无须任何高深技巧，很多都是人性使然。

在“胶着期”阶段，男性出轨者已经不再急于离婚，但也很难全心全意地回归家庭。他们试图在婚姻和婚外情之间寻找到平衡点，而这无疑是一场高难度的感情游戏。

站在他们的角度来看，既不能让妻子对婚姻关系彻底失望——那样她会选择离婚；但同时，也不能让妻子获得过多的权利——那样她可能会限制自己出轨。

与此同时，他们需要维持对第三者的感情投入，不能让她对关系感到绝望而选择离开。可是，如果第三者对他们的关系过于自信，甚至开始干涉其日常生活，那又会闹得家里鸡犬不宁。

如何平衡这段三角关系？情绪操控的核心方法就是“打一巴掌给颗糖”。每当妻子或第三者想要离开的时候就“给颗糖”（甜言蜜语、物质付出等），而当她们不满足于现状的时候就“打一巴掌”（疏远、冷暴力等）。

值得一提的是，在三角关系里，“打一巴掌”和“给颗糖”之间是相辅相成的，有人将此戏称为“三角形的稳定性”。男性出轨者在接近妻子的同时必然会对第三者有所疏远，而讨好第三者时又必然会疏远妻子。

也就是说给妻子一颗糖，相当于打了第三者一巴掌；而给第三者一颗糖，又相当于打了妻子一巴掌。他并不需要重复演绎两次。男性出轨者可能会在妻子面前表现出对第三者的深深眷恋，然后又在第三者面前表现出对家庭的深深内疚。

这样的行为模式往往会让妻子和第三者都感到焦虑和不安，从而更加依赖他以寻求情感的稳定。不知不觉中，两个女人产生强烈的竞争意识，都想要获取男性出轨者的关注，让他的地位越来越高，简直就像古代的君王。尝到这种甜头的男人自然不愿轻易收手，哪怕第三者离开，也会想要再给妻子物色一个新的竞争对手。

相较于婚姻关系，男性出轨者通常会在婚外情里投入更多时间、情感和经济资源。这并不意味着第三者在情感或人格层面上比妻子更具吸引力，而是因为第三者更加容易从关系中撤出，她们不像妻子那样有着许多顾虑和牵绊。因此，男性出轨者必须付出更多努力来维持婚外情。

读者可能会产生疑问：妻子和第三者真的那么容易被操控吗？在现实生活中，情感纠葛往往比我们想象的更为复杂，尤其是当关系陷入“胶着期”时，妻子和第三者之间形成了一种微妙的平衡，两边都不愿意轻易退出，而男性出轨者往往就巧妙地利用了这种状态。

作为妻子，或许很想知道，为什么第三者既上不了位，又不肯退出这段三角关系？她到底想从中得到什么？这确实是一个引人深思的问题，其背后可能蕴含着多种复杂的情感、心理和社会因素。比如以下几种情况：

没有上位动机

有些第三者可能从未有过上位的打算，她们的介入更多是出于对金钱和资源的渴望。在现代社会中，物质生活的诱惑无处不在，有些人愿意以牺牲道德和情感为代价，去换取物质的富足。

另一些第三者的动机可能更加微妙。她们享受着秘密恋情带来的新鲜感和刺激感，同时避免了公开关系所需要承担的责任和压力。这种“灰色地带”的生活状态，让她们在不安定中找到了某种平衡，其中也包括一些已婚人士。

还有一些第三者原本可能有过上位的念头，但随着婚外情的发展，逐渐放弃了这样的想法。只要男性出轨者能提供给她们想要的东西，她们就可以长期留在这段关系里。

情感因素

不乏有第三者在某种程度上对男性出轨者产生了深厚的感情，即使关系无法公开或得到社会的认可，她们也不愿或无法轻易抽身。这类第三者通常对情感的深度和浓度有着超乎寻常的追求，而男性在婚外关系中展现的强烈占有欲，对于第三者来说，往往被解读为一种宠爱和重视。

她们可能因此形成一种自我价值的错位，认为自己的存在对男性出轨者非常重要，甚至在某种程度上控制了对方。这种错觉让她们产生出一种权力感，不愿轻易放弃这种看似“胜利”的局面。

● 不愿放弃沉没成本

带有结婚动机的第三者，如同投入赌局的玩家，将宝贵的青春作为筹码，投入到一段充满不确定性的关系中。随着时间流逝，沉没成本变得越来越高昂，可做选择的筹码也越来越少。除非有更好的选择出现，否则宁可抱着这段关系不放。

● 与出轨者合谋

每个人都有自私的一面，第三者也不例外。有些第三者刚开始会隐藏自己的现实动机，表现出“我不想破坏你的家庭”“我不贪图你的物质财富”，可随着婚外情的发展，她们逐渐改变态度。

到了“脑疯期”，当看见男性出轨者为自己疯狂的样子，她们相信了他们坚定的离婚决心时，反倒不急于让男性出轨者离婚，而是怂恿他们多争取财产，为将来双宿双飞的生活做保障。

有位女性在前夫遗弃的旧手机里，看到一部分他和第三者的聊天记录，第三者是这样说的：

◆ “为什么你的老婆问你要这么多钱？我可以一分不要，因为我是真心爱你。”

◆ “这些财产都是你辛辛苦苦挣来的，以后她改嫁岂不是便宜了别的男人？”

◆ “没关系，我们从头开始。不管是陪你奋斗十年还是二十年，我都无怨无悔。”

前夫从一开始承诺把大部分财产留给她和孩子，到后来，几乎把她应得的财产算计一空，还反过来指责她“贪财”，声称她当初嫁给自己完全是为了钱。这一系列的转变，恐怕离不开第三者的暗中煽动和挑拨。

笼子并不存在

对于遭遇背叛的女性而言，“胶着期”的痛苦并不完全来源于丈夫和第三者，更多来源于自己内心深处的矛盾与冲突。她们已经逐渐从震惊和混乱中恢复过来，开始接受残酷的现实，不再像之前那样放低姿态去挽回丈夫。但是，她们依然不知道该何去何从。

人总是很难舍弃沉没成本，在危机里待得越久，妻子就越难离开。其实很多女性并不缺乏独立的资本，她们在经济或者其他方面拥有足够的独立能力，但还是坚守着这段关系。

长期的情绪操控，如同一把无形的枷锁，束缚着受害者的心灵，让她们在日积月累的负面情绪中逐渐迷失自我，产生了一种对现状的依赖，如同被关进一个看不见的笼子里，一边惶惶不安，一边又把笼子当成舒适区。但如果不愿面对现实，人就会永远被现实束缚。妻子不必强迫自己做出选择，事实上，笼子并不存在。困住你的不是婚姻，不是孩子，不是父母，也不是那个出轨的丈夫，而是你自己内心的枷锁。

● 损失厌恶效应

在心理学领域，有一个被广泛研究和认可的现象，那就是“损失厌恶效应”。这个理论由诺贝尔经济学奖得主丹尼尔·卡尼曼（Daniel Kahneman）和阿莫斯·特沃斯基（Amos Tversky）在20世纪70年代提出，它揭示了人类决策行为中一个重要的心理倾向：人们对于损失的恐惧往往超过了对等量收益的期待。

简单来说，人们喜欢“得到”，不喜欢“失去”；喜欢“赢”，不喜欢“输”。当面对同等数量的收益和损失时，损失带来的“遗憾感”相较收益带来的“获得感”，其负效用是正效用的2~2.5倍。

在一段三角关系里，男性出轨者和第三者都得到了新鲜刺激的情感体验，这可以被视为他们的收益。然而，对于妻子来说，她面临的是感情的背叛和家庭的破裂，这无疑是巨大的损失。

由于“损失厌恶效应”的存在，妻子对这种损失的痛苦感受要远大于男性和第三者从这段关系中获得的喜悦。因此，她往往更加难以放手，倾向于坚持维护原有的关系状态。

● 不甘心

当你倾尽全力塑造一个充满爱与关怀的家庭，一砖一瓦都烙印着辛勤的努力和无尽的期待。可是，另一半的背叛却如同冰冷的利剑刺穿了心房，第三者那不道德的介入，更像是一场无情的飓风，将原本稳固的基石吹得七零八落。

他们无视道德的束缚，轻率地践踏承诺，却在混乱的尘埃中逍遥法外，这无疑是对公正的深深挑衅，让人无法忍受其带来的极度不公平。你可能会选择坚守婚姻，不愿让婚外情轻易得逞，这不仅仅是对家庭价值的守护，也是一种对不公平的无声抗争。

● 恐惧改变生活方式

电影《肖申克的救赎》里有个罪犯叫布鲁克斯（Brooks），大半辈子都在牢里度过，被假释出去以后反而不知道该怎么生活，最后竟然试图谋杀自己的好友，以期犯罪重新入狱“安度晚年”。

人类的天性中，有一种对熟悉和可预测性的深深依赖。随着时间的推移，我们倾向于构建一种固定的生活模式，这种模式包括我们的日常习惯、人际交往、工作模式，甚至我们的思维方式。我们在这个安全的框架内感到舒适，因为它为我们提供了对世界的理解和预期。然而，这种对稳定性的追求也可能成为我们面对变化时的束缚。

这种现象在各个年龄段的人中都有所体现，但随着年龄的增长，人们往往对改变展现出更大的抵触。这可能是因为随着生活经验的积累，人们形成了更为根深蒂固的习惯和观念，对新事物的接受度相对降低。根据心理学家艾宾浩斯的研究，成年人学习和适应新环境的能力相比儿童和青少年确实会有所下降。

心理学家同时指出，这种对改变的恐惧和抵触，源于人们内心的安全感需求。在一个熟悉的环境中，人们可以清楚地知道自己的位置、角色和责任，这种确定性给人们带来了安全感。而一旦环境发生改变，这种确定性就会消失，人们就会感到迷茫和不安。

有位妻子这样描述："我今年 38 岁，身边朋友、同事的日常生活普遍以家庭为中心，平时交流的话题也围绕着家长里短。一旦离婚，我就会被排除在主流生活之外，与周围人显得格格不入。"

● 害怕孤独

在现代社会中，许多女性在面对离婚时，内心深处会涌现出一种担忧，那就是离婚后是否还能找到理想伴侣。尤其是那些年龄较大的女性，她们在生理和心理上都面临着巨大挑战。

一方面，随着年龄的增长，女性生育能力会逐渐下降，这在很大程度上限制了她们再次选择伴侣的范围。另一方面，经历过一次婚姻失败的女性，往往会对再次投入情感和精力去建立一个新家庭产生恐惧。

离婚不仅意味着改变生活方式，或许还意味着无人相伴。当一段亲密关系濒临破裂时，人们会敏感地意识到，自己可能将要面对无尽的孤独。就算亲朋好友都安慰说“你一定能找到更好的伴侣”，那些安慰在面对现实时，往往也显得苍白无力。

然而，这种对孤独的恐惧感，在离婚后或许会产生意想不到的变化。有位女性表示：“身处一段婚姻中，你的伴侣却把爱和陪伴都给了别人，那段日子才是最为浓烈的孤独，只可惜很多事情都是后来才看清楚。离婚以后我感到很快乐，不再每天担惊受怕，拥有了自由选择生活方式的权利。”

● 担心离婚会影响孩子的健康成长

在婚姻危机里，最让女性放心不下的，恐怕就是孩子。他们本应是爱情的结晶，享受着父母的呵护，却被迫承受了本不该承担的痛苦和困惑。许多女性担心父母离异会在年幼的孩子心里留下无法抹去的伤痕，从而使他们在成长过程中遭受不必要的痛苦。

出于母爱，以及对子女未来的深深忧虑，这些女性尽管在面对夫妻关系破裂时内心深处的痛苦无法言表，但她们仍然选择坚守在婚姻的围城之内。在她们看来，单亲家庭的环境可能会对孩子的心理健康和人格发展产生负面影响。

然而，在没有感情的婚姻中生活，对于孩子来说未必就是最好的选择。

首先，我们必须认识到，孩子是敏感的，他们能够感知到父母之间微妙的情绪变化。即使父母尽力在孩子面前保持和谐，但长期的冷淡、争吵或压抑的气氛，都会给孩子带来无形的心理压力。一项心理学研究显示，生活在父母冲突中的孩子更可能出现焦虑、抑郁问题。

其次，一个充满冲突或疏离的家庭环境，可能会影响孩子的社会技能和人际关系的发展。他们可能会学习到错误的沟通方式，或者对亲密关系产生不健康的期望。此外，孩子可能会将父母的问题归咎于自己，导致自尊心受损和自我价值感的缺失。

再者，如果父母因为孩子而选择忍受不幸的婚姻，他们可能会感到压抑和疲惫，这同样不利于孩子的成长，因为孩子需要看到父母作为积极生活和解决问题的榜样。

究竟是父母离异对孩子的伤害大，还是生活在一个看似完整却不幸福的家庭中对孩子的伤害更大？这是一个难以准确衡量的问题。然而，可以肯定的是，一个积极向上、充满正能量的单亲家庭，要好过一个父母争吵不休、充满负能量的所谓的完整家庭。

当你开始勇敢地抽丝剥茧，一层层揭开这些看似牢不可破的枷锁时，你会发现，那个所谓的“笼子”其实并不存在。它只是你内心深处对未知的恐惧、对改变的抗拒、对可能带来的痛苦的放大。

婚姻，本应是两颗心的相互依偎，是生活的港湾，是困难时的依靠。可是，当它变成束缚，变成痛苦的源泉，我们是否还有勇气去面对、去挑战这个被我们自己神化的“牢笼”？

“胶着期”应对策略

当婚姻危机步入“胶着期”阶段，你会感到困惑无力，似乎不管如何努力，都无法修复支离破碎的婚姻。你常常会陷入一种幻想，幻想着如果能回到过去，如果能避免那些错误，如果能有奇迹发生，那么一切都会好起来。然而，生活并不总是如我们所愿，它更像是一面无情的镜子，反映出我们的弱点。

电影《梅兰芳》里有句台词：“输不丢人，怕才丢人。”或许我们应该丢掉幻想，面对现实。不要畏惧失败，失败是生活的一部分；也不要害怕失去，失去让我们学会依赖自己。

一、不用逼自己做决定

在“胶着期”里，你可能会不断地问自己“我该不该离婚”“我应该如何选择”这样的问题。你想要寻求一个明确的答案，以解决内心的不安。然而，这种过度思考往往只会让自己更加疲惫，甚至陷入情绪旋涡。

这个时候，你需要做的不是强迫自己立即做出决定，而是要学会暂时放下那些复杂的问题。大脑在日常生活中已经承载了太多压力和信息，继续纠结于情感问题，只会加剧精神内耗。

这并不意味着逃避现实，而是选择以更积极的方式去面对。将注意力转移到那些需要我们专注的事情上，比如工作、学习、健身或者培养新的兴趣爱好。当你全身心地投入到这些活动中，你的潜意识其实并没有停止工作，它会在无意识的情况下，对你的困惑进行深入的探索和分析。

在这个过程中，你可能会发现，那些曾经困扰你的问题，答案其实已经在心中慢慢浮现。这种来自内心的启示，往往比表面的思考更为深刻，也更接近真实的自我。

“如果无法做出决定，那答案就是否定，因为潜意识已经帮你做出选择，只是你没有留意到。给自己一个否定的答案，或许反而更快接近做出决定的时刻。”

二、把情绪问题转化为实际问题

在“脑疯期”，许多女性难以克服对离婚的恐惧感。而到了“胶着期”，她们已经慢慢接受现实，甚至经常主动思考关于离婚的问题，但她们往往被另一种负面情绪控制着，即对离婚的焦虑感。恐惧是害怕失去婚姻，而焦虑则是对离婚以后生活的担忧。

叶春怡，是一个遭遇婚姻危机的普通女子。在经历与自己内心的深度对话后，她发现最让自己纠结的并非离婚这件事本身，而是它所带来的三个问题：

◆ 问题一，谁来照顾孩子？

作为职业女性，叶春怡每天都要出门工作。现在有公婆可以帮忙照顾孩子，离婚以后则不得不请保姆，她担心保姆不如公婆负责。

◆ 问题二，孩子的心理健康。

离婚意味着孩子会失去“完整”的家庭，叶春怡担忧这种成长经历可能会对孩子的心理健康造成负面影响。

◆ 问题三，夫妻共同债务。

出轨的丈夫欠下了不少债务，叶春怡并不清楚详细的债务状况，担心离婚时会受到牵连。

然而，焦虑并不能解决任何问题，反而可能成为我们前进道路上的绊脚石。它让我们在面对困难时选择逃避，让我们在决策时犹豫不决，让我们在追求目标时失去信心。

最终，叶春怡决定寻求专业的心理咨询服务。在咨询师的引导下，她开始了一场自我探索的旅程，旨在深入剖析每一个困扰她的问题，寻找那些隐藏在日常琐事下的深层答案。她逐渐领悟到，生活中的困扰往往可以被划分为“实际问题”和“情绪问题”两大类。

实际问题，顾名思义，是那些有明确解决方案，可以通过实际行动去改变的困境，比方说寻找一个负责任的保姆、制订一份合理的债务偿还计划等。情绪问题则更多地源自内心感受，如对未知的恐惧、对改变的抗拒，或者对失败的焦虑。一旦我们被情绪问题所困扰，就像被无形的枷锁束缚住，无法前行。

假如你认定了保姆不如公婆负责，认定了离婚对孩子的伤害更大，认定了自己无法偿还共同债务，那你就会反复拿这些问题来恐吓自己，最终形成一把囚禁自己的情绪枷锁。打开情绪枷锁的钥匙在于，将情绪问题转化为实际问题。

在咨询师的启发下，叶春怡决定采取行动。她考虑到孩子还有半年就可以入园，于是决定物色一名专门负责接孩子放学的保姆。经过打听，楼下邻居家里有个孩子上同一所幼儿园，两家家长决定共同请一位钟点工，这样不仅可以节省开支，还让孩子多了个玩伴。

与此同时，她咨询心理医生和育儿专家，了解如何以健康的方式向孩子解释家庭变化，并在他们的指导下与孩子进行沟通。

心理医生建议她长期关注孩子的心理健康，通过提供援助、维持有效沟通，以及寻求专业的心理支持等方式，帮助孩子培养心理韧性。

至于夫妻共同债务的问题，叶春怡也详细咨询了法律专业人士，了解清楚相关法律法规，明确了自己的权利和责任。律师帮忙估算出大概需要承担的金额，她发现数字并没有想象中那么庞大，于是制订了合理的偿还计划。

当叶春怡把对结果的焦虑转换为对过程的努力，一项一项去落实计划时，她发现自己已经不再害怕离婚。因为她知道，无论结果如何，她都有足够的能力去应对。恐惧和焦虑被知识和行动所驱散，取而代之的是一种深深的自信和力量。

倘若你被困在“胶着期”里无法做出决定，那么不妨设想一下：假如一年以后的今天你决定离婚，现在需要为此做哪些准备？离婚以后你打算住在哪里？如何照顾孩子？是否需要换一份工作？尝试找出你认为的所有难题，然后挨个去解决它们。你也可以假装现在已经离婚了，然后认认真真去规划每一天的生活。

三、提升个人价值

在深入探讨婚姻关系的复杂性时，我们发现了一个引人深思的现象：无论是男性还是女性，当他们选择出轨时，往往都带有一种微妙的心理优势。

这种心理状态并非偶然，而是在长期的婚姻互动中逐渐形成的，它源于个体在关系中所处的主导地位。心理优势往往还伴随着一种侥幸心理，即他们认为就算自己的不忠行为被配偶发现，也不会对婚姻关系产生毁灭性影响。

一般来说，心理优势主要来源于两个方面：

一是硬件层面，主要体现在个体的物质条件和社会地位上。例如，一些人在结婚后，由于职业发展、技能提升等原因，他们的收入、社会地位等各方面超过了伴侣，这种经济或社会的优越感会自然而然地产生心理优势。

二是软件层面，更多地与情感和心理需求有关。有些人可能在物质条件上并不突出，但他们找到了一个深爱自己或者低自尊的伴侣。在这种情况下，即使对方在许多方面比他们更优秀，但由于对方的依赖和过度付出，他们也会感到自己在关系中占据主导地位，从而产生心理优势。

但是，心理优势并不是恒定的。

孟琪读书那会儿是大家公认的“班花”，同学肖庚努力追求好几年，才终于打动她的芳心。恋爱时，肖庚对孟琪千依百顺，每次吵架都主动低头认错。孟琪习惯了肖庚无微不至的照顾，在这段关系里趾高气扬。

27 岁时，两人在亲友的祝福声中走进结婚礼堂。婚后肖庚对孟琪依旧体贴入微，早请示、晚汇报，还上交了自己的工资卡。

孟琪认为这一切都是天经地义的，从未想过这份感情有天会改变。

30 岁那年，小两口开始计划要孩子，备孕期间却因为肖庚晚归的问题发生争执。孟琪要求丈夫晚上七点以前必须到家，可肖庚升职后免不了有些加班和应酬。每次肖庚晚归，孟琪都会大发脾气，并扬言“不生了”，她知道丈夫一定会来哄自己。

可当孟琪最后一次重重关上房门时，肖庚却没有跟过来。他离家出走，一夜未归，打电话不接，发信息也不回。孟琪急得根本睡不着，想着等他回来以后要狠狠惩罚他。

岂料第二天清早，肖庚发来一条信息，说自己太累了，想在外面住一段时间透透气。孟琪当然不会同意，她打电话过去质问丈夫人在哪里。肖庚却一反常态，语气变得十分凶狠。他控诉孟琪“性格强势”“公主病”，还说自己再也不想忍受下去。

孟琪瞬间蒙了，她无法接受前两天还对自己千依百顺的丈夫，突然间变得如此冷漠。她不停地道歉，恳求肖庚回家，可对方却不再理睬。一周后，有位共同的朋友告诉孟琪，她在商场里撞见肖庚和一名年轻女子勾肩搭背，举止十分亲昵。

孟琪陷入极为矛盾的情绪中。一方面，她对丈夫的出轨行为感到愤怒；另一方面，又觉得是自己的性格问题导致了丈夫的出轨。她一改往日强势的姿态，低声下气去挽回丈夫，可肖庚反倒坚决地提出了离婚。

类似的经历在婚姻危机案例里屡见不鲜，男性出轨者究竟是忍无可忍才出轨，还是有了婚外情以后不想再忍了？这是个难以证明的问题。但有一点可以肯定，他们和妻子相处多年，早已熟知妻子的性格特点。

不妨换个角度看，结婚前，孟琪年轻漂亮，手握大把选择资本，无疑是更具心理优势的一方。那时候肖庚不敢有丝毫怠慢，生怕她被别人抢走。可随着二人步入婚姻，孟琪年岁渐长，容貌优势不再，肖庚则升职加薪，在硬件上超越了孟琪。他依然维持着对妻子的习惯性付出，内心却渐渐开始不平衡，只不过没有表现出来。孟琪误以为自己在婚姻里仍然处于高位，理所当然地享受着丈夫的付出，殊不知危机已经悄然临近。

笔者并不主张对人性抱有悲观态度，但“落后就要挨打”的道理或许同样适用于两性关系。

为什么孟琪放低姿态向肖庚道歉，反倒被对方逼迫离婚？这里揭示了一个微妙而重要的心理现象：如果一个人在关系中处于弱势，那么她乞求和解的行为可能会被对方看作是软弱的表现，从而促使对方更加不拿她当回事。

面对危机时，保持自我尊重和理智的判断至关重要，即使你过去在婚姻中确实存在一些不好的地方，现在也不能轻易放低姿态。这并不意味着要忽视自己的问题，而是在当前的婚姻危机里，婚外情才是更加重要的问题。

如果你不断地自我贬低，可能会让对方把夫妻关系破裂的责任全推到你头上，认为是你的错误导致了他的出轨。这样一来，他会心安理得地继续他的出轨行为，认为他自己没有任何责任，一切都是你的错，从而肆无忌惮地伤害你。

当你在婚姻关系中处于低位，那就应该把注意力都放在自己身上，努力去提升个人价值。不要试图单方面去修复已经破裂的夫妻关系，你没有个人价值，没有吸引力，对方也很难对你产生感情。

四、把“守婚”当作短期行为

在婚姻危机中，“守婚”也是一种常见状态。不离婚并不意味着对背叛者的宽恕，更不意味着对出轨行为的纵容，有时是为了给自己一个缓冲时间。有人守了一辈子，有人守了一阵子，也有人在守婚过程中化被动为主动，慢慢积攒心理优势和选择资本。

39 岁时，焦玲遭遇婚姻背叛，丈夫田卫浩出轨了一个比她年轻十岁的女性。做了八年全职妈妈的她在经济上无法独立，面对丈夫的不忠行为，也只好默默隐忍。

焦玲曾尝试过挽回丈夫，但田卫浩看出她离不开这段婚姻，变得更加放肆无度，竟然公开和第三者出双入对，还威胁说：“你只要把儿子带好就行，其他事情与你无关。”

在痛苦地自我反思之后，焦玲开始努力寻找工作机会。但由于长期脱离职场，她很难找到一份既能养活自己又能兼顾育儿的工作，于是经过市场调研和详细规划后，她打算开一家洗衣店。

焦玲主动找到田卫浩谈判，希望对方可以提供资金支持，并表示只要他愿意帮助自己开店，就可以对他的出轨行为睁一只眼，闭一只眼。田卫浩本身也不太想离婚，但他只愿意出一半资金，另外一半让焦玲自己去筹集。

自此，焦玲走上了自主创业的道路，历经许多波折才慢慢把小店经营起来。即便工作压力非常大，她也没有耽误对儿子的教育。在焦玲的悉心教导下，儿子在学业上取得了优异的成绩，更形成了独立、自信、有责任感的人格特质。

焦玲 49 岁这年，儿子考上名牌大学，她自己的事业也稳步发展，并陆续在市区开了三家分店。她向田卫浩提出离婚，这一决定得到了父母和儿子的支持。离婚后，焦玲买了新房，闲暇时四处旅行，过得十分惬意。

不要把守婚看作是面对现实的无奈之举，相反，它也可以是你人生路上主动下的一步棋。事实上，很多正在守婚的女性都是独立女性，她们并不依赖这段婚姻来维持生活，但她们仍然选择坚守。这并非出于无奈，而是出于一种深思熟虑的选择。

在快节奏的现代社会，一个新兴观念悄然流行，那就是“长期主义”。它鼓励我们在无法立即改变现状的情况下，保持耐心，积累力量，为未来的改变做好准备。

人之所以会被生活困住，或许就是因为在过去的某个阶段考虑得不够全面，准备得不够充分，或者对未来的预估不足。但是没关系，人生还有下个阶段。不能因为一次失败或者挫折，就否定自己未来的可能性。你可以设定长远目标，制订详细计划，然后一步一个脚印地去实现。

只要不放弃，生活总会在某个阶段给你一个满意的答案。上一个十年里丢掉的自信，可以在下一个十年里追回来，35 岁被困在婚姻里，不代表 45 岁不能活得风生水起。

五、反向操控

林嘉宜和丈夫是异地夫妻，直到丈夫出轨很久以后，她才发现第三者的存在。夫妻俩经历了无数次激烈的争吵，婚姻表面上恢复平静，然而，这并不能掩盖一个残酷的现实：丈夫的出轨行为从未真正停止过。

林嘉宜的生活仿佛陷入一种无尽的轮回，每当她好不容易抚平内心波澜，试图找回生活的秩序，丈夫就会突然出现，表现出对家庭的关心，让她的心中燃起希望之火。可是，当林嘉宜满心期待他能够多停留一些时间，真正参与到家庭生活中来，他又会突然消失，留下一地的冷漠和失望。

面对这一困境，林嘉宜采纳了笔者提出的策略，即运用“反向操控”的技巧来应对男性出轨者。具体操作方法是：

1. 一段时间内，尽可能不要主动联系男性出轨者。对方主动联系你时，也要表现出一种“爱搭不理”的态度。

2. 与此同时，在社交软件上展示出自己积极、阳光、美好的一面，仿佛想要寻求外界关注。

林嘉宜依计行事，果然没过多久丈夫便主动示好。这一策略的理论依据正是源于人类的“损失厌恶”心理，林嘉宜的后撤让男性出轨者产生了危机感和好奇心。这一次，他回家住了长达半个月，第三者还为此吃醋吵架。

后来，因为林嘉宜需要丈夫承担生活费，经济上的付出让男性出轨者产生了心理优势，转而又去安抚第三者。但这次尝试并非没有意义，它让林嘉宜意识到：“原来对方真的是在操控我的情绪。”

从那之后，她不再因为丈夫的若即若离而感到痛苦，并逐渐摸清了男性出轨者“打一巴掌给颗糖”的规律。每当对方疏远她时，林嘉宜就努力提升自己，打扮、健身、学习、投身于兴趣爱好、参加社交活动，把生活过得有滋有味。那么用不了多久，男性出轨者便会主动示好。

把对方的每次离开，看作自我提升的契机；把对方的每次靠近，看作展示魅力的时机。这样做并不是为了挽回出轨者，而是为了让自己心里舒服，增加一些自我改变的动力。虽然当下还不具备离婚资本，但林嘉宜已经不像从前那样被困在情绪里动弹不得，她坚信自己会越变越好，总有一天，要把对方甩在身后。

六、榜样的力量

榜样的力量，如同一盏明灯，照亮我们前行的道路，尤其在人生低谷中，他们的存在更显得无比重要。你可以在身边或网络上寻找一些榜样，比如离婚后重塑自我的女性，去看看她们是如何走出人生低谷的。

蔡芸在婚姻里进退两难的时候，关注了一位网络博主。对方也曾遭遇过婚姻背叛，现在是一名单亲妈妈，虽然生活很辛苦，但博主却把日子过得有声有色。她每天早起送女儿上学，接着匆匆赶往办公室，经过一天的忙碌后，会带着小礼物去接女儿放学，有时是一张亲手制作的卡片，有时则是一颗糖果。回到家，母女俩会合作做晚饭，还会做些极富创意的小甜点，吃完饭后博主剪辑视频，女儿则在一边安静地写作业。

让蔡芸感到钦佩的是，在博主的精心呵护下，她的女儿性格活泼开朗，学习成绩优异，社交和表达能力都很强，深受老师和同学们的喜爱。这改变了蔡芸以往对单亲家庭孩子的刻板印象。

丈夫出轨后，蔡芸一度恐惧离婚，她害怕家庭不完整会影响孩子的性格，使其变得消沉或叛逆。这位博主的生活和教育方式都让她深感震撼。蔡芸开始意识到，每个孩子都是独一无二的个体，他们的成长并不完全由家庭结构决定，更多取决于他们所处的环境和接收到的关爱。

“胶着期”如同其名字所示，是个充满矛盾和复杂情绪的时期，它既漫长，又痛苦。在这个阶段，时间仿佛被拉长，每一天都像是一场让人疲惫不堪的心理拉锯战。然而，尽管艰难，这个阶段也充满了无限的可能性。

在寒冷的冬季，我们常常会看到一些动物进入休眠状态，它们不再活动，几乎停止了生命迹象，这就是自然界的奇妙现象——蛰伏。这个过程，也被称为冬眠，是动物面对极端环境条件的一种生存策略。

在人生的语境中，这可以理解为我们在遭遇挫折、困境或迷茫时，选择暂时的沉寂和内省，以积蓄力量，寻找新的方向。在这个阶段，我们可能会感到孤独、无助，甚至自我怀疑，但这些都是成长的阵痛，是通向成熟和智慧的必经之路。

“蛰伏”并非消极逃避，而是一个积极的内在调整和自我重塑的过程，为的是在未来某个时刻，能够以更强大的姿态破茧成蝶，展翅高飞。

对于经历婚姻危机的女性来说，“胶着期”无疑是一段艰难的旅程。然而，只要她们有勇气面对，有决心去寻找答案，这个阶段也可以成为她们人生中一个重要的转折点，引领她们走向更深层次的自我认知和更健康的人际关系。

案例解析

白彤拥有优良的教育背景，但因为生育，她错过了职业发展的关键期，领导把本属于她的晋升资格给了别人。丈夫林哲却在事业上实现“三级跳”，从单位基层跃升至管理层，收入也翻了好几倍。

白彤在事业上郁郁不得志，索性把生活重心转移到了家庭里，每天就想着带孩子去吃好吃的、玩好玩的。刚开始，林哲还鼓励妻子这样做，说“家里有一个人奋斗就行”，后来却在工作中被富有野心的女同事所吸引，认定对方是自己人生道路上不可多得的红颜知己，还埋怨妻子“不懂他”“不理解他的辛苦”。

生性高傲的白彤想过离婚，可远嫁异乡的她不具备独自抚养孩子的能力，也做不到丢下孩子一走了之。然而，林哲的行为越来越放肆，面对妻子的质问，也只是轻飘飘地撂下一句：“你想离婚的话，我尊重你。”

白彤被困在婚姻中进退两难，直到闺蜜的一番话让她彻底清醒。闺蜜说：“林哲知道你不愿意离婚，因为离婚以后，你找不到比他更好的男人。”

看着镜子里日渐憔悴的自己，白彤下决心做出改变，她给自己制订了三年计划。三年后孩子升小学，学校提供课后托管服务，这样脱离公婆的帮助，自己也能独立抚养孩子，到那时离婚就不会如此被动。这三年，她决定认真生活，努力拼搏，把在婚姻里输掉的体面给赢回来。以下是她的计划表：

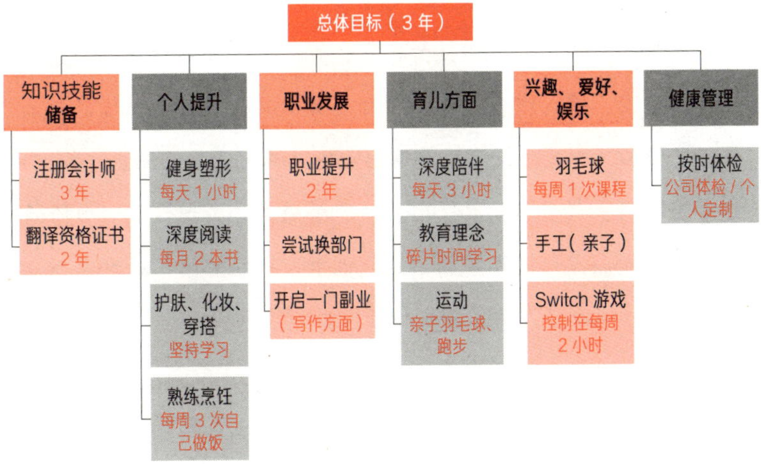

当白彤严格执行这些计划后，每天时间都不够用，根本没有多余的精力去思考感情问题。她还在个人主页上记录自己的蜕变过程，这让她更加有动力。最终，白彤成功升职，外形越来越时尚靓丽，还拥有了不错的厨艺。与此同时，孩子也被她教育得很好。

其实到了第二年，林哲便开始后悔了，激情褪去后，他发现第三者并不像他想象中那么好，反而妻子越变越好。但白彤没有给林哲回归家庭的机会，她提出“各过各的，互不干扰”，还把那句话还给他：“你想离婚的话，我也尊重你。”

三年后，孩子升入小学，白彤果断离婚并争取到抚养权，这下轮到林哲苦苦哀求妻子，但她已经不想回头。

案例分析

守婚并不意味着被动接受，它也可以是一种主动应对和自我提升的过程。因为很多婚姻危机都是突如其来的，妻子可能尚未具备立即离婚的能力，无论是情感上的准备，还是经济上的独立，都需要时间去调整和积累。因此，守婚成为许多女性在这个阶段的策略，她们通过坚守婚姻，给自己争取缓冲时间，以期在未来的日子里能拥有更多的选择权和应对能力。

以白彤为例，如果她每天沉浸在痛苦和困惑中，无法自拔，那么她的生活很可能会停滞不前，更别提去应对婚姻变故了。然而，她没有选择沉溺于情绪的旋涡，而是选择了面对和成长。

有句话叫“谁痛苦谁改变，谁改变谁受益”，这话一度颇具争议。为何不是那些造成痛苦的人去改变呢？他们是否应该为他人的痛苦负责，或者至少承担起改变的责任？

然而，那些制造痛苦的人，他们自己感觉不到痛苦，缺乏改变的驱动力。痛苦可以被视为一种信号，提醒我们当前的状态或者环境已经不再适宜，需要调整或转变。不是说谁痛苦谁就应该改变，而是谁痛苦谁就可以主动寻求改变，因为改变才会有出路。

第七章

收起委屈，风雨自渡

在最黑暗的那段人生，是我自己把自己拉出深渊，没有那个人，我就做那个人。

与自己和解：承认过去无法改变

小时候，考试没考好觉得天要塌了；青春期，初恋被分手感到痛不欲生。然而，很多年后回头看，好像都不是什么决定生死的事。

普通人大都希望人生是一条畅通无阻的轨道，求学工作、结婚生子，每个环节都顺顺利利，可一路上难免会发生意外。当你被命运无情地抛向荒野，对抗逆境的过程就是一次次“荒野求生”。

婚姻危机也是一样，那些无人可诉的孤独、无人理解的痛苦，会让你在某个瞬间充满绝望。有人形容就像是被困在一个茧里，你试图挣扎，试图理解，但无论怎样努力，都无法摆脱那种无法言说的痛苦。曾经熟悉的人、物、事，在自己面前崩溃瓦解。你对未来失去信心，对生活失去感知力。

一、接纳已经发生的一切

笔者曾同时接触到两个案例。第一个案例的妻子后悔自己太过强势、生性懒散、不爱做家务，导致丈夫移情别恋。第二个案例的妻子则后悔自己太过温顺，包揽了家里所有的事，导致丈夫缺乏家庭责任感，在外面拈花惹草。

心理学研究指出，人的行为模式、价值观念，以及对关系的期待，是由多种因素塑造的，包括但不限于家庭教育、个人经历、社会文化背景和生物学因素。这些内在因素可能在很大程度上决定了一个人是否会在婚姻中出轨、是否具备强烈的家庭责任感，以及是否能安于平凡的家庭生活。

也就是说，在婚姻自由和法制健全的现代社会里，一个人会不会出轨，是由他自己决定的，而不是由另一半决定的。可是，许多男性出轨者都会把婚姻失败的责任推到妻子头上，想方设法替他们的出轨行为开脱。

倘若遭遇背叛的妻子因此陷入自责情绪出不来，总认为是自己搞砸了婚姻，那她就会不停地复盘过往，以致形成强迫性思维：

- “假如当初我对他好一点儿，他是否就不会出轨？”

◆“倘若我没有大吵大闹，把他给惹毛了，或许就不会把他推向第三者。”

◆“我应该主动联系他吗？”

◆“我应该去找他聊聊吗？”

◆“事情真的没有回旋的余地了吗？”

有位女性离婚十几年后依然在不停地复盘，想知道如果当初采取了更为冷静理智的处理方式，婚姻结局是否不同。这种情况在心理学中被称为“反事实思维”，即人们想象与现实相反的情况，以此来评估和理解现实。这种思考方式虽然能帮助理解事件，但也可能导致人们陷入无尽的自责与痛苦中。

心理学家丹尼尔·卡尼曼在《思考，快与慢》一书中指出，人们往往受到“认知偏见”的影响，即使知道更好的选择，也可能无法做出改变。

因为人的决定和行为受到当时环境、个人经历和心理状态的深刻影响，即便你带着现在的认知和经验，有机会穿越回过去，很可能会发现，自己仍然无法完全摆脱那些影响自己选择的深层次因素。

婚姻危机的爆发并非纯粹的偶然性事件，其背后存在着一定的必然性因素。其实许多女性内心深处已经明白，丈夫移情别恋是无法改变的事实，再去质问或者争吵也只会破坏自己最后的尊严。然而，人的情感并非总是那么理智。

面对生活中的不幸，如何接纳并从中恢复，是我们人生路上不可或缺的一课。心理学家罗纳德·罗杰斯强调，自我接受是个人成长的关键，他说："我们不是要接受痛苦，而是要接受我们有痛苦的事实。"因此，当不幸发生时，我们需要勇敢地面对，承认自己的感受，允许自己有痛苦、有困惑、有恐惧。

所有苦难和挫折，都是人生这趟旅程的必经之路，别管它们为何发生，只需要接受它们已经发生。闹了就闹了，错了就错了，那又怎样呢？谁都有倒霉和犯错的时候，一时的境遇不足以定义整个人生。

人只有在内心被扰乱时才能发生蜕变，机会也总是在混沌中产生。电视剧《我的前半生》里，罗子君倘若没有遭遇婚变，也不会从家庭妇女蜕变为独立女性。痛苦往往是一个人成长的最快捷径，这件事会给你带来怎样的意义，并不在于它的结果，而在于你如何去看待它。

二、不要轻易露怯

有些女性在亲密关系中一贯扮演着主导和强势的角色，当婚姻危机来临时，她们却开始服软，试图通过妥协和退让来挽救关系。然而，令人遗憾的是，这种策略往往会适得其反。

许多男性出轨者不仅没有因此收敛，反而更加放肆地背叛婚姻，他们将妻子的善良和软弱视为可利用的弱点，从而把责任全然推卸到妻子身上。这种现象的存在，揭示了一个残酷的现实：欺软怕硬是人性中难以避免的弱点。

当别人伤害你时，软弱和纵容会激发出人性更深的恶，所以越是处在人生低谷，越不能轻易露怯。不管你曾经做错了什么，或者你认为自己做错了什么，现在都不是低头认错的时候。也许你渴望向丈夫展示你的改变，希望他能明白你的痛苦和期待，但你以为他不知道吗?

假如别人蓄意将错误归咎于你，而你还去向他道歉认错，这样做并不会促使对方良心发现，只会让你陷入更加不利的境地，成为对方眼中的“替罪羊”。任何时候我们都有跟别人平等对话的权利，即使你曾经忽略过丈夫的感受，可现在，他的出轨行为也给你带来了极大伤害，你并不欠他什么。

勇敢面对也许不会每次都输，不停后退最终只会无路可退。

三、强者心态

“他人的行为造成了我的痛苦”“他人的背叛毁灭了我的人生”，这是一种受害者心态，它源于真实且深刻的伤害，是心灵在面对不公时的自然反应。然而，当这种心态成为生活主导，它就可能演化为自我束缚的枷锁。

在遭受婚姻背叛的案例中，女性往往承受着巨大的情感打击，她们的痛苦是真实的，她们的指责并非无中生有。可是，如果长时间沉浸在受害者角色中，她们可能会忽视自我力量的存在，逐渐对生活失去掌控感，认为自己无力改变现状，无法走出困境。

人生，就像一部不能预知结局的影视剧，我们既是编剧，也是演员。我们有权决定剧情走向，有权选择与我们同行的人，也有权在任何时候按下重启键。那些在剧本里出现的其他角色，无论戏份多少，是正派还是反派，全只是配角而已。

强者的魅力在于敢于承认失败，随时拥有埋单离场的勇气。这种自我决定的力量，让他们不会沉湎于现状，始终掌握着人生方向盘，保持着对未来的主动权。有一句引人深思的话值得反复背诵："我做的一切都是为了我自己，我的价值由我自己决定。"

有位女性革命者被敌军抓住后在牢里关押了很多年，她每天都会把自己收拾得整整齐齐，把牢房打扫得干干净净，直到走出监狱那天依然从容优雅、不卑不亢。也许我们无法改变人生境遇，但我们可以选择用怎样的心态来面对生活。

四、放下执念，保持正念

电影《星际穿越》让墨菲定律为人所熟知，与墨菲定律相对的麦可斯韦尔定律则说"任何事情看似很难，实则不难"。保持正念，人生就会往好的方向走，痛苦是从心里长出来的，力量也是从心里长出来的。

感情的背叛，犹如一把锋利的刀，直刺心灵。婚姻的瓦解，更是对自我认知的一次重击。这些突如其来的变故，如同冰冷的雨水，无情地冲刷着我们的自尊和自信，让我们瞬间陷入自卑的深渊。

自卑会形成一种恶性循环，在心里生根发芽。越自卑就越想证明自己，越想证明自己就越在意对方的看法，越在意对方的看法就越自卑。而自信则会形成一种良性循环，当我们相信自己能够成功时，我们的大脑和身体就会处于最佳状态。

所以，不要总想着如何去克服自卑，而是要想着如何去建立自信。倘若你暂时无法离开婚姻，那么不妨把男性出轨者当成一个观众，每天认真生活，让自己焕然一新，努力从各个方面提升自己，充分展现你积极向上的精神面貌。

他欣不欣赏你无所谓，反正你也不欣赏他。只是通过这种方式给自己增加一点儿动力，把你的怨恨、不甘、愤怒、自卑等负面情绪，全转化为推动自我改变的力量。

五、活得精彩就是最好的复仇

许多女性在面对婚姻的背叛时，内心深处都会闪过一丝报复的火花。这是一种自然的心理反应，源于对公正和平衡的内在追求，也是对自身受到伤害的一种情感宣泄。

你当然有权在法律允许的范围内保护自己，维护自己的尊严和利益。然而，我们必须清醒地认识到，现实生活中的“报复”

往往并非想象中那么干脆利落。它可能带来一系列无法预见的后果，这些后果也许会对报复者自身，甚至无辜的第三方产生深远影响。

◆ 有可能“结下梁子”

男性出轨者或许并不会因为妻子（或前妻）的报复行为而产生愧疚感。相反，他们可能会因此产生怨恨，甚至迁怒到孩子身上。一些性格偏激的人还会采取极端方式报复回去。

◆ 有可能让婚外情双方关系更加紧密

一段感情假如没有外力作用，会慢慢失去新鲜感，婚外情之所以刺激，正是因为存在阻力（“禁果效应”）。妻子（或前妻）的报复行为有可能让婚外情双方产生一种“同仇敌忾”的心理，从而促使他们的关系更加紧密。

其实，在现实生活中，当妻子选择离婚后，许多男性出轨者和第三者也并没有走到最后。有些事物在未被触及时，其神秘和诱惑力可能使其显得格外美好，然而一旦打破了这层滤镜，往往无法经受住现实的考验。

一位女性回顾自己做第三者的经历时说：

他是我以前的上司，比我大十几岁，会在工作上指导我，在生活上关心我，某次出差时，我们走到了一起。我迷恋他身上成熟的男人味，认为嫁给他一定会非常幸福，所以自私地要求他离婚。

可等我搬去和他一起生活后才发现，他的父母很难相处，他的女儿非常讨厌我，他在家里和在工作中判若两人，不修边幅且毫无趣味可言。当他要求我像他的前妻那样把一堆衬衫都熨平整时，我认为这段关系不能再继续下去。

正当我犹豫之际，他的前妻把他收取贿赂的事情举报到单位，致使他丢了工作。他非常愤怒地说对方想要毁掉他，还向我保证一定可以东山再起。实际上，就算他没有失业，我也已经决定离开。

那些伤害过你的人并不值得你去原谅，但生活中的强者往往不屑于去报复那些弱小的伤害者，因为报复只会让自己降低到与伤害者同样的水平，消耗自己的时间和精力。而这些时间和精力本可以用于更积极、更有意义的事情上。

有句话说："不要介入别人的因果。"每个人都会为自己的行为付出代价，只是这个代价可能需要漫长的时间才能显现出来。当你选择放下仇恨，专注于自我提升，生活慢慢就会发生变化。也许等你活得风生水起时，他们已经自食其果了。

停止内耗：让焦虑落地

小时候，我们没有恋爱，也没有婚姻，却可以感受到简单纯粹的快乐，被车水马龙的街景所吸引，因糕点的香甜产生幸福感，喜欢闻阳光晒在被子上的味道。然而，随着年岁增长，我们的心灵似乎变得越来越复杂。

当婚姻遭遇危机，负面情绪如同潮水般汹涌而至，将原本平静的生活搅得一片混乱。你被淹没在痛苦的情感旋涡里，对生活失去感知力，满脑子只剩下情绪。每一天，当太阳升起时，痛苦又会被刷新一遍。你不禁自问，这样的日子何时才能结束？

别着急，慢慢来。

请允许自己去感受痛苦，去接纳那份情绪的混乱，因为这是你正在成长的证据。天空中的乌云终将散去，阳光会再次洒满你的世界，就像身体的伤口需要时间愈合，心灵的创伤也需要时间来慢慢修复。

一、保护好自己的伤口

我们的生活，不是为了满足他人的期待，更不是为了承受别人的无理伤害。所以，请保护好自己的伤口，不要给任何人再次伤害你的机会，无论是出轨者、第三者，还是那些不理解你的亲友，又或者是试图在你身上寻找存在感的人。

你无须向任何人解释你的选择、你的感受、你的行为，也无须向任何人证明自己，不要浪费精力在他们的误解上，你的价值并不由他们来定义。在这世上，没有谁能真正替代自己去疗愈伤口。你需要做的是像一个坚定的卫士，守护自己的内心世界，不让那些旧伤再次被揭开，更不让新的伤害有机会侵入。

二、平静的力量

情感背叛犹如一把锐利的剑，深深地刺入心灵，带来的是无尽的挫败感和自我怀疑。曾经的承诺、甜蜜的回忆在背叛的现实面前变得讽刺而刺眼，这种情感的落差让人难以接受。

同时，对离婚的恐惧也像一座沉重的大山，压在心头。社会的观念、经济的压力、对未来的不确定，都可能让女性对离婚产生深深的恐惧，这种恐惧感进一步削弱了理性思考的能力。

面对人生的至暗时刻，我们需要保持冷静，坚定信念，相信自己一定能从黑暗中找到出路。古人云：“静水流深。”越是平静的水面，其下的水流越是深沉有力。同样，越是能在困境中保持冷静的人，其内心的力量越是强大。

三、远离“情情爱爱”的感性意境

自由恋爱是社会进步的重要标志，它赋予了婚姻更多感情色彩和个体选择。但同时，我们也应该认识到，婚姻并不仅仅是爱情的延续，它更是一种深度的人际关系和生活模式。

那些流传千古的爱情传说，如“罗密欧与朱丽叶”“梁山伯与祝英台”，多以悲剧收场，以分离为代价。童话故事写到王子和公主步入婚姻殿堂那一刻便戛然而止，这是否意味着，爱情在婚姻面前显得苍白无力？

或许这正是爱情的神秘之处，它需要不断地被挑战、被激发，才能保持其原有的激情和活力。婚姻中的爱情，面对的则是生活的琐碎，是彼此的差异，是时间的考验，而不是简单的两情相悦。

婚外情之所以令人着迷，不过是因为它的阻力、距离和新鲜感，打破了原有的平衡，带来了未知的刺激，让出轨者重新体验到爱情的刺激和冲动，但这并不代表婚外情就是爱情的真谛。实际上，它更多的是对现实生活的逃避、对困难的妥协、对责任的忽视。

在婚姻中，没有“得不到的永远在骚动”的戏码，当那份热烈的渴望真正成为日常，它可能会变得平淡，甚至有些琐碎。婚姻的本质在于长久的陪伴和深度的了解，而非短暂的激情。

如果我们将“剧本”进行一次大胆的调换，假设当初选择与男性出轨者步入婚姻殿堂的人是第三者，而婚后遇到的出轨对象则是妻子，结果会如何呢？或许，这个新的组合同样会经历激情的燃烧，人性会驱使他们非常投入。然而，这种关系并不比原来的婚姻更加稳固或高尚。因为，爱情的本质不在于谁是追逐者、谁是被追逐者，而在于双方是否愿意为彼此的成长和幸福付出努力。

感情是这个世界上最廉价的东西，却也是这个世界上最昂贵的东西。它本身没有任何价值，人人都可以张口说句“我爱你”。但一份真挚的感情，其背后的承诺、理解、包容和牺牲，却需要用时间、耐心和全心全意的投入来证明。它超越了世俗的界限，直达人性深处。

那些坚守道德底线和尊重婚姻承诺的女性，她们并不屑于成为第三者，而是更倾向于通过诚实、沟通和承诺来建立和维护一段关系。她们认为，真正的爱情应该建立在尊重、信任和责任之上，而不是在破坏和欺骗中寻找刺激。请不要对自己长期坚守的价值观产生怀疑。

不管处于婚姻危机的哪个阶段，我们都要尽可能让自己远离那种“情情爱爱”的感性氛围。一旦我们开始思考有关爱情的问题，就容易被其中种种情绪所牵绊，进而陷入一种无形的内耗状态。

有些女性原本已经习惯了安稳的家庭生活，不再像青春期那般对爱情有着强烈渴望。可发现丈夫出轨后，她们迅速被对方代入感性氛围，情感需求也被急剧放大，求而不得的痛苦让她们深陷其中，无法自拔。

一位女性坦言，过去的日子里，她并不觉得丈夫有什么特别之处。可是当第三者出现以后，她对丈夫的看法却发生了戏剧性的转变，觉得他身上充满魅力，这不禁让她产生了强烈的竞争意识。

婚外情，是一场由欲望驱动的风暴，将涉事者卷入其中。男性出轨者和第三者在情感的旋涡中挣扎，妻子作为旁观者，往往也会被这股力量牵引。然而，你有权选择远离这场风暴，不去做他们的观众。

四、释放情绪，专注生活

婚姻危机里，内耗会在我们的思维深处悄然滋生，将我们的精力与注意力引向无尽的自我辩论。很多人误以为，面对内耗，只要深入思考，找出问题的根源就能迎刃而解。然而，这种想法往往适得其反，因为每一次的深思熟虑，都是在与内心的情绪进行激烈较量。

想象一下，你身处一片情绪的海洋，每当你试图通过理性思考来平息内心的波涛，就像是试图用一把小刀割裂风暴。你越是用力，风暴越是猛烈，痛苦的感觉也随之加剧。这种无休止的对抗，只会让你感到身心疲惫，如同在无尽的黑夜中盲目摸索，找不到出路。

心理学家荣格曾说："你的潜意识如果够聪明，它就会让你发疯，直到你变得足够聪明去理解它。"因此，面对内耗，我们需要的不是更多的思考，而是理解和接纳。

一种有效的应对策略是学会适时地释放情绪，譬如通过运动来分散注意力。每当你感觉到愤怒、焦虑或沮丧等情绪即将失控时，不妨换上舒适的运动装，去公园跑步，让脚步的节奏带走内心的烦躁；或者骑上单车，穿越城市的喧嚣。

运动不仅可以帮助我们转移注意力，从困扰我们的问题中暂时抽离，还能通过消耗体力，使我们感到身体的疲惫，从而达到心理上的放松。科学研究也证实了运动对情绪的积极影响，定期进行有氧运动可以显著降低抑郁和焦虑的症状，提高自我感觉良好的情绪状态。此外，运动还能促进大脑释放内啡肽，这是一种自然的"快乐荷尔蒙"，能帮助我们缓解压力、改善心情。

当然，除了运动，你还可以尝试其他方式来释放情绪，如绘画、写作、听音乐、冥想等。关键是要找到一种适合自己的方式，让情绪有一个健康的出口，而不是让它们在内心深处肆虐，消耗我们的精力和活力。

正如那句话所说："对抗消极的不是积极，而是专注。"

谷柚安刚休完产假，母亲就被查出癌症，丈夫林慎正值事业上升期，分身乏术的她只好选择辞职，一边照顾孩子一边陪母亲治病。岂料林慎在孩子3岁时出轨前女友，他仗着自己是家里唯一的经济来源，屡次欺骗谷柚安，并和第三者长期维持情人关系。

谷柚安感到非常耻辱，她既舍不得丢下孩子，也做不到兼顾工作、育儿和照料母亲，迫于经济压力，只得在婚姻里委曲求全。起初她非常痛苦，几乎每天都在内耗中度过，甚至想要一了百了。可看着年幼的孩子和日渐衰弱的母亲，她知道自己不能再继续内耗下去，于是决定换种态度面对人生。

她开始用手机记录生活，起床后给孩子做早饭，出发去医院给母亲送饭，带着孩子感受大自然，乘坐公交和地铁游遍大街小巷。孩子的笑脸、母亲的笑脸、每一次对话，她都拍摄下来并认真剪辑成视频日志，保存在一个社交账号上。

在此期间，她专心致志地准备事业单位的考试。三年后，孩子上了小学，母亲与世长辞，谷柚安深感悲痛，但也借此激励自己，夜以继日地学习，最终成功考入事业单位。同一年，她向林慎提出了离婚。那时，林慎面临事业困境，昔日的傲慢态度已不复存在。

时过境迁后，谷柚安常常温习那些视频日志，它们记录了母亲的晚年岁月和孩子的幼年记忆。那是一段痛苦的人生旅程，也是一段珍贵的人生旅程。那些时光让她明白了人生苦短，与其把未来寄托在别人身上，不如把命运掌握在自己手里。

我们的内心深处，蕴藏着一种神奇的力量，那就是自我修复的能力。可是当一个人深陷于情绪旋涡，这种力量往往会被无尽的内耗所消耗，变得微弱甚至消失。

时间，是一剂解药，它能冲淡痛苦的记忆，抚平心灵的创伤。然而，我们不能急于求成，试图以一种强迫的方式去加速这个过程。因为，愈合，就像大自然的生长，需要的是自然而然，需要的是耐心等待。

请相信，所有痛苦，所有不安，所有屈辱，所有想起来就会愤怒的细节，所有咬牙切齿的瞬间，所有你觉得扛不下去的深夜，都会过去。

五、学会独处

人在遭受生活打击时，往往会本能地寻求社交的温暖，我们可能会频繁地向身边的亲朋好友倾诉自己的痛苦和不安。然而，这种倾诉伴随着一种无形的压力，因为它容易给听者留下一种

“你很脆弱”的印象。

随着时间的推移，我们可能会让身边人感到疲惫和无力，甚至产生避之不及的感觉。而当我们冷静下来，反思自己的行为时，常常又会后悔对别人说了太多。这样做不仅失去了独立面对困难的能力，还可能让我们在社交中陷入一种被动境地。

所以在婚姻危机里，非常需要一段独处时光，与内心深处的自我进行对话。独处并非意味着逃避现实，而是给自己一个冷静下来的思考空间。正如心理学家卡尔·罗杰斯所说：“只有当我们独自一人时，才能真正地了解自己。”

在面对婚姻危机时，我们的情绪可能会变得复杂且难以控制，在这种情况下，如果随意向他人展示，可能会引发不必要的误解。通过独处，我们可以更好地梳理情绪，以更成熟、更理智的方式去面对问题。独处并不是远离社交，而是暂时保持社交距离，给自己一段时间进行调整，重新建立自我价值。

人生低谷，其实也是一个探索自我的好机会，在这段珍贵的时光里，你可以安心做自己想做的事。

比方说，研制一道新颖的菜肴。从去菜市场挑选新鲜食材开始，料理、摆盘、投入地享受烹饪的过程，当然也可以发在朋友圈里和大家分享。

又或者，策划一次独自的旅行。从研究攻略开始，制作出一份行程，然后订房、订票。在陌生的城市中，品尝当地美食，漫步在充满故事的街头巷尾，感受不同的风土人情。

你还可以沉浸下来读一本书、看一部电影，把家里打扫干净，出门跑步，然后回家洗个澡。尝试为每一天制订计划，从清晨的第一缕阳光开始，规划好每一小时、每一分钟。无论是学习、工作还是休息，都让它们成为自我疗愈的一部分。

六、赴一趟找回自我的旅程

家庭关系的破裂，往往会给个体带来沉重打击。一位 48 岁的女性透露，她的丈夫在过去数年里，由于婚外情，几乎很少回家，他们的婚姻关系已经名存实亡。

去年，她的儿子考入了外省一所大学，这本应是家庭的骄傲，却也加剧了她的孤独感。一直以来，孩子都是她的生活重心和精神寄托，然而现在，孩子离家求学，家中的空巢感让她倍感失落，仿佛失去了生活的方向和目标。

由于对稳定关系依赖的天性，许多女性结婚生子后，生活重心就会围绕着家庭，将婚姻幸福、孩子成长与家庭和谐视为生活的首要任务。在人生的多元价值体系中，家庭幸福无疑占据着重要地位，然而，我们必须认识到，亲密关系并非一成不变。

世界卫生组织的数据显示，全球每年有超过 40% 的婚姻面临破裂的威胁。那些过于依赖家庭幸福的女性，一旦遭遇婚姻危机，其心灵所受的创伤往往尤为深重，表现出强烈的无力感、绝望感，甚至可能引发一系列的心理问题，如抑郁症、焦虑症等。

人们常常在各种关系中寻找自我价值和存在感，无论是亲情、友情还是爱情。然而，这种依赖关系来定义自我和获取认同的方式，往往并不利于关系的健康发展，反而可能削弱个人的独特魅力。

当我们将自我价值过度绑定在与他人的关系中时，往往会忽视自我，只关注他人对我们的期待和评价。比如，你可能每天都在忙碌，把家庭照顾得无微不至，是人们眼中的“好妻子”“好妈妈”。但别人也只注意到你在婚姻里扮演的角色，看不到你的个人魅力。

真正的魅力源于个体对自我内在世界的深度挖掘和精心经营。我们应该珍视和培养自己的独特性，而不是在关系中寻找存在感。

首先，我们需要将注意力转移回自己身上。了解自己的内心世界，明白自己的喜好、激情和目标，静下心来倾听内心的声音，发现那个被日常琐事掩盖的自我。

其次，发展个人兴趣爱好是找回自我、丰富内心世界的重要途径。无论是绘画、音乐、运动还是其他任何事物，都可以成为我们与自我对话的桥梁。这些兴趣爱好不仅能帮助我们释放压力，也能激发创造力，使我们在忙碌的生活中找到乐趣和满足感。

此外，参加公益活动也是一种有效的自我发现方式。通过志愿者工作，我们可以接触到不同的人和事，开阔视野，同时也能在帮助他人的过程中实现自我价值。

不断尝试新鲜事物，挑战自我，同样是找回自我过程中的重要环节。这可能意味着学习一门新的语言、尝试一项新的运动，或者去一个从未去过的地方旅行。每一次的尝试都是一次自我突破，帮助我们更好地认识自己，增强自信心。

最后，扩大社交圈，结交不同背景和兴趣的人，可以为我们提供不同的视角和思考方式，有助于我们跳出原有的思维框架，发现更多的可能性。从独处到自律，再到重新对世界敞开心扉，这是一个找回自我的过程，也是一个突破自我的过程。只有经历过这个过程，你才能体会到它的魅力。

如何提升个人价值

对于女性而言，婚姻危机往往发生在自身能量较弱的时候。当被生儿育女耽误职业发展，当年岁渐长而疏于形象管理，当沉浸在家庭琐事中放弃自我成长，就可能面临婚姻危机。虽然有些丈夫会感激妻子为家庭做出的牺牲和付出，但遗憾的是，并非每个丈夫都有此觉悟。

亲密关系里，让你占据高位的，往往不是你对这段关系的付出，而是你的个人价值。个人价值是一个多元化的概念，它涵盖了我们的学识、外貌、工作、收入、家境、才艺、沟通能力等，这些因素共同构成了我们作为一个个体的吸引力和影响力。

当然，这并不是说在婚姻里不需要付出，但付出不应以牺牲自我价值为代价。假如我们在婚姻里付出太多，以至于忽视了自己的需求和成长，那么不仅会影响到自身魅力，也会影响到亲密关系的稳定性。

所以，在你为婚姻付出之前请先想一想，自己是否乐于做这些事？倘若你发现自己在做家务、照顾孩子等方面投入了过多的时间和精力，而这种付出让你感到疲惫和不公，那就应该减少付出或者考虑换种方式。比方说，把更多精力放在工作和挣钱上，然后与丈夫共同承担雇用保姆的费用。

也许你会问："请保姆做家务，和我自己做家务有什么不同？"区别在于，保姆的价值可以通过金钱来量化，你为此支付费用就是在兑现价值。然而，你在家务和育儿上的付出往往是无形的，无法用金钱来衡量，这就可能导致你感到自己的付出被忽视，产生心理上的不平衡，并希望丈夫通过情绪价值来弥补自己，从而形成所谓的情感负债。

心理学研究表明，人们普遍倾向避免在人际交往中产生"负债感"。丈夫并非不需要有人洗衣、做饭、带孩子，但他不想因此在情感上欠妻子"一笔债"。当一个人觉得他在关系中"欠"了另一个人太多，无论是时间、精力还是情感，都可能会产生逃避关系的冲动，因为持续的"负债"状态会带来压力和不安。就像一句常说的话："从来只有债主追着欠债的跑，没有欠债的追着债主跑。”

即使你对付出没有丝毫怨气，也不去勒索丈夫的情绪价值，可如果你因此过度牺牲个人价值，那也可能会引发家庭地位的失衡。有些女性在成为母亲后，为了孩子的成长和教育，选择放弃自己的职业发展。她们全身心地投入育儿工作中，成为家庭中的“无名英雄”。然而，这种牺牲往往伴随着自我价值的贬低，甚至可能影响到她们在家庭中的地位和关系。

一方面，妻子牺牲了职业发展，可能会导致个人价值被忽视，甚至被社会边缘化。另一方面，过度的付出也可能成为问题，当一方总是无条件地付出，可能会让对方习以为常，甚至产生理所应当的感觉，这无疑会削弱婚姻中的情感联系。

当然，不是说不可以有多元化的家庭分工，并非每段感情都那么现实，也有很多可以跨越物质束缚的夫妻，他们相濡以沫，共同面对生活中的风风雨雨，这样的感情令人敬佩。

然而，本书的焦点在于婚姻危机，在许多情况下，婚姻危机并非一蹴而就，而是日积月累的结果。因此，假如婚姻已经发生危机，妻子就有必要把目光转向自己，看看自己是否疏于提升个人价值，又或者在婚姻里存在过度付出的情况。

妻子的个人价值越低，丈夫在出轨时抱有的侥幸心理就越大，他觉得以你的条件，离开他找不到更好的，所以判断你不会轻易离婚。因此，当女性在婚姻中过于依赖，或者在经济、社会地位上相对弱势时，她们可能会被贴上“无法独立”的标签，这在某种程度上降低了她们在伴侣眼中的个人价值。

另一方面，妻子在婚姻关系里的过度投入和付出，也会促使丈夫形成侥幸心理。因为妻子的付出，无论是时间、精力、情感还是物质，都会在无形中增加她在关系中的“沉没成本”。

在经济学中，沉没成本是指那些已经发生且无法收回的成本，而在感情中，这可能意味着更多的牺牲和妥协。当一方的沉没成本远高于另一方时，他就会在关系中处于更为被动的位置，因为离开的成本过高，这使得对方在面对关系问题时，可能会肆无忌惮。

这种现象在现实生活中并不少见。根据一些社会学研究，当一方在婚姻中过度付出，如全职照顾家庭、牺牲个人发展等，她们在面对伴侣的不忠时，往往更加犹豫和纠结。对于这些女性而言，如果选择离开，失去的将不仅仅是伴侣，还有多年的心血和投入。这种心理状态可能会被出轨者利用，进一步加剧关系的紧张和不平等。

事实上，许多人际关系方面的危机，往往都源于我们的弱点被他人利用，用一句俗语来说就是“趁你病，要你命”。这种情况在婚姻关系中尤为常见。因此，如果一个妻子决定坚守婚姻，或者目前还没有足够的条件去结束这段关系，那么，她最明智的选择就是努力提升自身价值。

个人的能力和资本，是你在婚姻中的核心竞争力，也是你在关系中保持独立和尊严的基石。

- 提升学历，考取相关证书。
- 努力工作并增加收入。
- 学习新的技能，为未来的收入增长创造可能性。
- 通过参加教育课程或专业培训，获取更深入、更专业的知识，提高解决问题的能力。
- 形象管理和身材管理。
- 学习手艺或掌握有用的技术。
- 培养一些兴趣爱好。

价值并不需要通过付出来体现，它是一个人的内在能力和资本，当然，你也可以在日常生活中锻炼个人能力。比方说：

- 做饭是付出，烹饪水平高则是你的价值。
- 做家务是付出，家务能力强则是你的价值。
- 陪孩子写作业是付出，懂得如何教育孩子则是你的价值。

“天天做饭”并不等于“烧一手好菜”，“天天陪孩子写作业”和“把孩子教育得很优秀”本质上是两码事。最基础的家务和育儿工作，保姆或者退休老人都可以做，它们体现不出你的独特价值。

可是，如果你的做饭水平堪比星级酒店大厨，教育孩子的能力强过培训学校老师，那你所带来的价值就完全不同了。毕竟去星级酒店吃饭可不便宜，一对一家教也非常昂贵。

婚姻里存在着微妙的平衡，那些长久稳定的亲密关系往往建立在“势均力敌”的基础上，但这并不意味着夫妻双方必须在所有方面保持完全的对等。每个人都有自己的长处，人生赛道也不止一条，或许对方在事业上比你强，而你在其他方面比他强，譬如形象管理、人际交往能力等。倘若无论如何都无法在某方面赶超对方，那么不如尽力发挥自己的长处。

当然，不管妻子自身价值如何，都不是丈夫出轨的理由。现实中也有很多在事业上取得显著成就的女性，却被贴上了“女强人”标签，事业成功反而成为她们遭受婚姻挫折的“罪名”。

事实上，我们提升个人价值并不是为了获得别人的认可，或者试图去挽回一个不忠的丈夫，而是为了在婚姻危机里，拥有更多的选择权和话语权，从而使我们更好地应对可能的变故。这不仅限于婚姻，也适用于人生其他方面。

任何一段人生经历，只要能落脚于自我成长，它都有积极意义。

第八章

离婚，重新选择生活方式

所以要等，所以要忍，一直要到春天过去，到灿烂平息，到雷霆把他们轻轻放过，到幸福不请自来，才笃定，才坦然，才能在街头淡淡一笑。春有春的好，春天过去，有过去的好。

离婚后的 4 个心理阶段

褚梦冉在前夫出轨两年后，选择了结束婚姻，离婚当天，她吃了顿大餐庆祝自己“脱离苦海”“远离渣男”。然而，这股子英勇劲没持续多久，褚梦冉便陷入一种患得患失的情绪中。尤其当她从朋友那里听说前夫和第三者打算结婚时，嫉妒之情油然而生，后悔不该成全别人。

实际上，在离婚之前，褚梦冉痛苦了很长一段时间。前夫不仅在情感上对她疏远，还不愿意分担家庭开销，她大费周折才把婚给离掉。可随着时间流逝，痛苦慢慢淡化，缺失感却不断放大。她似乎已经忘记了自己当初有多么痛苦，以及是如何坚定地想要离婚。

其实，在遭遇情感背叛后，不管是主动离婚还是被动离婚，都有一段很长的心路要走，这段心路大致分为四个阶段：

第一阶段：“洒脱期”

一般而言，如果在离婚前经历了漫长而疲惫的拉锯战，那么离婚后，人们往往会体验到一种瞬间的解脱感。类似于辞职前老板刁难了你一整个月，离开公司那天神清气爽，然而，过不了多久你便会意识到，还有许多现实问题需要面对。

“洒脱期”通常不会持续太长时间，有人持续了一两个礼拜，有人只洒脱了半天，还有人根本没有体验到这种感觉。

第二阶段：“反噬期”

所谓“反噬”，其实就是对之前情绪过激的一个“逆偿”。因为在婚姻里太过痛苦，我们往往会把离婚视为一种解脱，从而忽略了离婚可能带来的一系列情感、心理和生活上的挑战。

婚姻不只是一段情感经历，它还是一种生活方式。离婚同样存在“戒断反应期”，不仅需要戒掉情感上的依赖，还包括对婚姻生活的依赖和习惯。在“反噬期”里，你可能会经历一系列情绪波动，如失落、孤独、嫉妒等，这些情绪往往在离婚后的半年内最为强烈。

你需要面对亲友们的关心和同事间的八卦，而你并不想一遍遍去解释离婚原因，那相当于把伤口扒开给别人看。你还需要面对孩子的问题：“为什么爸爸不住在家里了？”“为什么其他孩子都有爸爸陪，我却没有？”这些问题像针一样刺痛着心，让人无法回避。

走在熙熙攘攘的大街上，看到别人一家人其乐融融的场景，那种缺失感仿佛瞬间被放大了无数倍。这是一种深深的孤独，也是一种对过去生活的怀念、对未来生活的不确定。

缺失感，简而言之，就是人们对某种本应拥有却未能实现或已失去的事物所产生的情感反应。你会把这个事物看得过于重要，以至于无法看清它的本质和真实价值。

李女士原本已经下定决心离婚，并和出轨丈夫步入“离婚冷静期”的程序，可是一个突如其来的夜晚，却改变了她的心意。那晚，家中水管突然爆裂，李女士不得不深夜起身，独自一人在黑暗中尝试修复水管。那一刻，她感到特别无助，想起以前每当家中出现类似的小故障，都是丈夫负责处理，心中涌起了一股难以言喻的情感。她没有如期去办理离婚手续，而是让丈夫住了回来。

然而，两个月后，李女士却再次带着离婚协议走进民政局。丈夫的背叛，如同一块巨石，压在她的心头，让她无法呼吸。她终于意识到，换水管这样的小事，在遭受背叛的耻辱面前，根本不值一提。

第三阶段：“迷茫期”

经历了过山车般的情绪动荡后，你可能会逐渐冷静下来，进入一种万物皆空的心理状态，对周围的一切感到厌倦，不再热衷于社交活动，更加愿意独处。也许你会开始怀疑自己，甚至觉得失去了爱与被爱的能力，仿佛一颗冰冷的星球，与世隔绝。

与此同时，你可能还会对两性关系产生一些悲观消极的看法，比如，“所有婚姻都不幸福”“所有男人都会出轨”。但这些看法只是暂时的，并不意味着你的人生观会从此发生改变。

这个阶段被称为“迷茫期”，过激的情绪犹如一条抛物线，慢慢从顶峰回落至原点。“迷茫期”往往被人们误解为消极和逃避，实际上，它对你未来的人生有着深远意义。

如同大自然的季节更替，是生命自我调整和恢复的过程，而“迷茫期”，正是一个自我疗愈和自我沉淀的过程。这个过程可以被看作是心理适应，是我们的大脑为了更好地理解和应对环境变化而进行的更新。

在经历了一连串的情感波动后，你终于有机会停下来，聆听内心深处的声音，反思自我，理解自己的感受和需求。你开始学会独处，享受孤独带来的宁静，这并不意味着你变得冷漠，而是学会了更好地照顾自己，更深入地理解自己。

同时，这个阶段也是你重新审视人际关系，理解爱与被爱真谛的时机。当你发现自己正处在“迷茫期”，请不要恐慌，更不要自我贬低。相反，你应该看到这是一个宝贵的自我成长机会。

第四阶段：走出迷茫

许多女性都曾描述过自己走出人生低谷时的感受。仿佛就在一个瞬间，也许是某个下着初雪的清晨，又或者是路过熟悉的十字街口，突然发现婚姻危机已经是很久以前的事了。

她们并没有刻意去重建自己的人生，也记不清究竟何时开始不再感到迷茫，就像从蛰伏了很久的角落里苏醒过来。她们又可以笑了，又可以闹了，又可以感受到四季的流转、岁月的更迭。

人生，不过是一场体验。快乐是体验，痛苦也是体验；结婚是体验，离婚也是体验。很多年以后回过头看，你或许会觉得，体验并没有好坏之分。你所经历的一切，无论是欢笑还是泪水，是成功还是失败，它们塑造了你的角色，定义了你的故事。

那些尘封的往事，如同一首老歌，初闻不知曲中意，再闻已是曲中人。事实上，人生不会永远停留在某个阶段，这是生命的自然规律，也是个人成长的必然轨迹。

避免短视

在行为经济学领域，“稀缺心态”是一个被广泛讨论的概念，这一理论在《稀缺》一书中得到了深入的阐述。作者指出，稀缺心态就像一个无形的镜头，将我们的视线聚焦在我们所缺乏的事物上，从而导致认知狭窄，即所谓的“管窥效应”。

简而言之，人越缺什么就越想要什么，越想要什么反而越得不到什么。

穷人缺钱，所以注意力会过度被金钱所占据，他们很难沉淀下来进行自我提升和长期规划。这种短视的视角，往往使他们更容易接受一些风险高、强度大，但在短期内薪酬诱人的工作，从而忽视了职业发展前景，以及可能给健康带来的风险。“稀缺心态”让他们被困在“贫穷的循环”中。

许多女性在离婚后都会对感情和婚姻产生“稀缺心态”，她们迫不及待想要找到下一段感情，恨不得上天立刻派个白马王子来拯救自己，瞬间给生活带来翻天覆地的变化，好让自己扬眉吐气。

然而，现实生活并非童话，没有哪个真正优秀的人会愿意充当一个道具，为了满足他人打败前任的虚荣心。这种急于求成的心态，往往会让这些女性在寻找伴侣的过程中失去理智，忽视深入了解对方的重要性，也为那些别有用心的人提供了可乘之机。

社会上不乏一些骗子，他们利用离异女性渴望被爱、被理解的脆弱心理，编织出一个个精心设计的陷阱。他们可能会表现出过度的关心和体贴，让受害者在短暂的甜蜜中放松警惕，然后在她们深陷情感的泥沼时，开始露出贪婪的獠牙。相关数据显示，离异女性在寻找伴侣时受骗的案例逐年攀升，这是一个值得深思的社会问题。

姚雅娟自从离婚后，总觉得同事在用异样的眼光看待自己，这让她越来越不喜欢上班，甚至觉得自己是个失败者。朋友的一句关心、家人的一次询问，都被她解读为对自己的同情或怜悯。

心理学家指出，人在经历挫折时，往往会放大自己的痛苦，同时也会过度解读他人的反应。这其实是一种自我保护机制，人们通过这种方式，将责任归咎于自身，以避免可能面临的来自他人的批评或排斥。因此，姚雅娟的困扰，更多是内心对于失败的恐惧和对于他人评价的过度敏感。

与此同时，姚雅娟忍不住去窥视前夫和第三者，想看看他们过得如何，结果越看心理越不平衡。凭什么背叛家庭和破坏别人婚姻的人可以得到幸福？为什么他们非但没有夹着尾巴做人，反倒大秀恩爱？

更让她感到愤怒的是，一些过去的亲朋好友，明知道前夫和第三者的无耻行径，却还在他们“秀恩爱”的照片下面点赞和留言祝福。这种捧臭脚的行为，让姚雅娟对自己一直以来所抱有的道德观产生怀疑。

现实生活中，出轨者和第三者大秀恩爱的情况并不少见。人们在犯了道德错误以后，往往试图通过强调“真爱”来为自己的行为辩解。这种心理，实质上是出于对过错的掩饰，以及对公众道德评判的恐惧，恰恰暴露出他们的不安和心虚。

出轨者和第三者两个人，伤害了那么多无辜的人，冒天下之大不韪走到一起，如果再不表现点“恩爱”，那不是打自己的脸吗？事实上，你所看到的，只是别人想让你看到的，实际情况如何，只有他们自己清楚。即便出轨者和第三者结婚生子，也不代表他们就一定过得幸福。

对于普通人而言，结婚和离婚都需要消耗大量资本，这并不仅仅是指经济层面的投入，更涵盖了情感、时间、精力乃至社会资源的消耗。

有些男性出轨者与第三者结合后，会表现出比在上一段婚姻里更强的容忍度，然而，这并不意味着他更爱第三者或者对这段关系更加满意。也许在完整地经历了这一切之后，他发现自己根本没有资本再离一次婚。

至于旁观者，则多数抱持着一种“看热闹不嫌事大”的态度。人们总是倾向关注与自己相关的事，并没有那么在意别人的生活经历，数字化的互动方式也很难反映出内心深处的真实感受。没准有人一边点赞，一边当笑话看。

可惜的是，姚雅娟并不清楚人性的复杂性和微妙性，她受到了前夫和第三者“秀恩爱”的刺激，在强烈的胜负欲的驱使下，急于找到下一段感情来证明自己。为此，她不惜花费数万元注册某婚恋网站的高级会员，结果却被一名男子以相亲的名义，欺骗了她的感情和金钱。

吸引力法则告诉我们，如果渴望吸引优秀的人进入我们的生活，首要任务就是先成为一个优秀的人。当我们自身处于一个消极、混乱或者低落的状态时，磁场就会被这种负能量占据。根据吸引力法则，这将使我们更可能吸引到那些与我们当前状态相匹配的人，而不是理想中的优秀人士。

也许你会说出一些反例，比如某位亲友就在人生低谷遇到了好伴侣。确实存在这样的情况，但“遇到”和“寻找”是两码事，有时候你越不去强求一件事，越有可能在不经意间达成它。解决“稀缺心态”问题的关键并不在于单纯地增加资源，而在于改变思维方式，提升自我管理能力。

不要去美化自己没走的那条路，靠自己重新站起来无疑更加艰难，但也是更加稳妥的人生选择。其实你并不需要从一段失败的婚姻里吸取太多教训，因为人生不会经历很多段婚姻，何况遇到的对象也不同。假如离开一段婚姻让你的生活彻底颠覆，或许并不是因为你没有经营好婚姻，而是因为你没有经营好自己的人生。

正如那句话所说，“你若盛开，蝴蝶自来”。当你专注于自我发展，不断提升自我，就像花朵在春风中悄然绽放，自然而然会吸引那些欣赏你、与你共鸣的人。就算遇不到，也不妨碍你活得更加精彩。

涅槃重生

在过去的传统观念中，婚姻常常被视为衡量女性成功与否的重要标准。社会的期待、家庭的压力，甚至女性自身的内心深处，都可能潜藏着这样的信念：一个女性的价值，很大程度上取决于她是否能拥有一段如童话般幸福的婚姻。

这种观念如此普遍，以致许多在学业、事业上取得卓越成就的女性，仍然会因为不能拥有一段幸福的婚姻而感到自卑和不安。社会压力是无形的，却强大到足以动摇一个人的自我认知。

然而，随着社会的进步和女性意识的觉醒，人们的价值观正在发生深刻变化。越来越多的女性开始反思，这种单一的人生路径是否真的适合自己？正如一位著名的女性主义者所说："我并不反对婚姻，我反对的是婚姻被赋予了不合理的期待和束缚。"

幸福并不建立在某种特定的状态上，而是建立在你内心对生活的热爱、对自我价值的认同，以及对未来的积极期待上。女性的个体价值不应被婚姻的状态界定，即使没有传统意义上所谓的"幸福婚姻"，你也能过上充实和满足的生活。

离婚和出轨，这些看似摧毁生活的事，在漫长的人生旅程中，不过是一段微不足道的经历。这些经历，虽然可能带来深深的痛苦和困扰，但并不能定义我们的全部，更不能决定我们的未来。

在经历了痛苦和迷茫后，许许多多女性开始了一场自我重建的人生之旅。她们选择不再沉溺于痛苦的深渊，而是勇敢地抬起头，直面生活的挑战。在这个过程中，她们发现，痛苦和迷茫并非全然的恶，它们也是生命的一部分，是成长的催化剂。这些经历让她们更加了解自我，更加珍视内心的力量。

在心理学领域，这种现象被称为"创伤后成长"。美国心理学家理查德·泰德斯奇（Richard Tedeschi）和劳伦斯·卡尔霍恩（Lawrence Calhoun）在研究中发现，大约三分之二的人在经历重大生活危机后，都能在心理上展现积极的变化，如加深的自我认知、更深的人生理解，以及更强烈的人际关系。他们不再仅仅是恢复到创伤前的状态，而是能够超越自我，实现心理上的"升级"。

正如哲学家尼采所说："凡杀不死我的，必将使我更加强大。"

龙艺昕在一家规模庞大的国有企业工作，她所在的部门里就有超过一百名同事，自从她离婚后，不免时常被人问起，有些是出于真诚的关心，有些则是出于八卦的心态。

刚开始，龙艺昕经常会为此感到自卑，觉得别人都在看自己笑话。后来她摆正心态，敢于承认发生在自己身上的事，对于那些不怀好意的提问也能从容应答。某天，一名同事故意当着很多人的面揭她短，龙艺昕是这样应对的：

同事："听说你离婚啦？"

龙艺昕笑着回答："是呀，我离婚啦。"

同事故作惊讶地问："怎么回事呀？"

龙艺昕依然笑着回答："因为被甩啦。"

同事有些尴尬，过了一会儿才问："到底什么情况？"

龙艺昕斩钉截铁地回答："就是被甩了呀。"

同事追问细节，龙艺昕笑着反问："你是领导派来调查我的吗？"

同事将信将疑："你是不是真离婚啦？骗人的吧？"

龙艺昕学着相声演员的口吻说："怎么？我离婚，我骄傲了吗？"

同事无话可说。

当你敢于承认和面对发生在自己身上的一切，它们就再也劫持不了你的情绪。你不把离婚当回事，别人也无法通过这件事在你身上寻找存在感，真正关心你的人发现你内心强大会感到放心，想看你笑话的人只会自讨没趣。

离婚是一件私事，你不是聚光灯下的明星，私生活无须成为大众谈资，你也无须向任何人解释自己的婚姻状况。那是你的生活、你的决定，与他人无关。如果有人出于好奇或者无礼，试图探究你的私事，你可以拒绝分享并且幽默地撑回去。

实际上，别人如何看待你，取决于你如何看待自己。如果离婚以后，你长时间沉浸在悲伤、焦虑等负面情绪中，周围人可能会觉得离婚对你的打击很大。一些不怀好意的人，会趁机从你的痛苦中寻找存在感和满足感。

反之，如果你依然能够坚韧不拔，保持乐观，每天都活得容光焕发，别人则会认为离婚这件事对你来说没什么大不了的。那些试图压制你、打击你的人，看到你内心如此强大，也不敢贸然接近。

一些深受传统观念影响的长辈，他们把婚姻当作人生的必选项，认为离婚是件不好的事。有些父母也会因为子女离婚而感到丢脸，催促着赶紧找对象，以恢复家庭的“正常”状态。这些人可能并无恶意，但会对你造成心理压力，有条件的话，可以暂时与他们保持距离，即便是亲生父母。

保持距离并不意味着逃避责任或情感割裂，而是给自己创造一个恢复和重建自信的空间。比方说尽量不要住在一起，一段时间内避免深入交流，因为负面情绪会相互传染。等你真正从内心恢复自信，重新拥有积极的生活态度时，再回到他们身边，你会发现，他们对你的看法也会随之改变。

杨梓露原本是位全职妈妈，发现前夫出轨后，她毅然选择了离婚，但由于没有收入来源，她被迫放弃了抚养权。听说孩子的幼儿园正在招聘生活老师，杨梓露便毛遂自荐，得到了这份工作，虽然工资不高，但她可以天天见到孩子。

非师范专业毕业的她，利用业余时间学习并考取了教师资格证。孩子升入小学后，杨梓露也在学校附近的育儿机构找到工作，前夫同意让她有空的时候陪伴孩子。她租下一套两居室的房子，还养了一只非常可爱的比熊犬，这个新加入的家庭成员给她和孩子带来许多欢乐。

结婚时，双方父母赠送给小家庭一辆代步车，被前夫以“上下班需要”为由长期占据，身为全职妈妈的杨梓露只好选择退让，平时带孩子出门十分不方便。离婚后，随着收入的提高，杨梓露买了新车。如今，她经常开车带着孩子和狗出去玩，比起那段令人窒息的婚姻生活，杨梓露更喜欢现在独立自由的自己。

离婚是一段人生的终点，但同样是另一段人生的起点。我们可以把目光重新聚焦回自己身上，发现自己的兴趣，追求个人的梦想，甚至可能找到一个更符合自我价值观的生活方式。

重组婚姻：更具挑战的亲密关系

重组婚姻在现代社会非常普遍，它往往被赋予了更多的挑战和考验。有人用一句“半路夫妻难交心”来形容这种关系的微妙与艰难，这并非无的放矢。重组婚姻不仅仅是两个人的结合，更涉及各自家庭，尤其是孩子的融入。对此，一些女性坦白地说出了心中顾虑：

◆“我担心他只是想找个免费保姆。”

◆“他的孩子、我的孩子，以及未来我们共同的孩子，这么复杂的亲子关系，我怕自己搞不定。”

◆“离婚以后，我遇到了一个各方面都很契合的人，但我不敢冒险让即将进入青春期的女儿和一个没有血缘关系的成年男性生活在一起。”

◆“我无法接受他每个月都要去前妻那里探望孩子，这会让我没有安全感。”

婚姻是一种主流的生活方式，但它可能并不适合所有人。每个人都有自己的生活规划和价值观，有些人可能更倾向于寻找一个情感上的伴侣，而非法律意义上的配偶。当你打算再次步入婚姻之前，理解自己的核心诉求至关重要。

你需要问自己：我是否准备好承担起婚姻带来的责任？我是否愿意为了维护这段关系而调整自己的生活方式？我是否具备处理可能出现的家庭冲突的能力？我是否真的需要婚姻，或者只是在逃避孤独？

李庆儿在 38 岁时嫁给了二婚丈夫刘钧，双方各带着一个孩子。最初两人感情很好，因为都有过失败的婚姻经历，所以对新建立的家庭格外珍惜。结婚没多久李庆儿就怀孕了，虽然这并不在双方计划之中，但她认为有了共同的孩子后，婚姻会更加稳固，于是选择继续妊娠。

然而，刘钧的父母年事已高，李庆儿的娘家也提供不了什么帮助。产假结束没多久，公公不慎摔了一跤，婆婆赶回老家去照顾他。李庆儿不得不做出艰难的决定，辞去工作，在家里照顾三个孩子。

不同于一般的三胎家庭，三个孩子各自有着不同的父母，彼此之间非但不能相互帮助，反而有种敌对情绪。两个正处于青春期的大孩子，因为不能适应新的生活环境，一个成绩下滑，另一个出现明显的心理问题。

李庆儿每天忙得焦头烂额，却找不到倾诉对象，丈夫夜以继日为了一家五口的生活辛苦奔波，她实在没法再对他抱怨什么。夜深人静时，李庆儿常常暗自后悔，原本她一人带着孩子，虽然情感上有点儿孤单，生活则比较轻松，再婚再育之后却彻底把自己困住了。

我们有权利选择适合自己的生活方式，但这个选择需要建立在理智和深思的基础上，而非出于一时冲动。二婚的容错率比头婚要低，面对的现实问题却更加复杂。有些女性盲目步入第二段婚姻后，发现生活质量大幅下降，想要抽身又极其困难。因此，在二婚前，请务必就下列问题和对方进行深入沟通：

1. 你们能否真心接纳对方的孩子？

2. 你们如何处理与前任之间的关系？

3. 婚后如何规划家庭开支？

4. 家务、育儿、教育子女、照顾老人这些事情分别由谁来负责？

5. 如何公平对待双方的孩子，尤其在教育投资和财产分配方面？

6. 是否打算再生孩子？

7. 各自对于婚姻的核心诉求是什么？

面对复杂的人性，明智的做法是在婚前就进行深入的交流和讨论，设定共同的生活规则和期望。这包括对家庭责任的分配、对金钱的管理、对子女教育的看法，甚至对日常生活习惯的共识。

这些规则不仅需要公平公正，更需要双方都能接受并愿意遵守。只有这样，当婚姻的现实挑战来临时，夫妻双方才能有共同的参照标准，避免因为观点不合而引发无谓的争吵。

有些夫妻结婚前并没有认真交流过，婚后却相互指责对方自私，其实复杂的从来都不是婚姻，而是人性。重组家庭的幸福并不容易，它需要更多的理解、包容和努力。在这个过程中，有效的沟通、公平的规则设定，以及共同的家庭活动都至关重要。

值得注意的是，尽管重组家庭面临诸多挑战，但研究表明，许多重组家庭的孩子也能拥有良好的心理适应能力。他们可能更加懂得理解和接纳不同的人和事，这在某种程度上甚至可以视为一种独特的成长优势。

在这样的家庭里，“界限感”显得尤为重要。继子女实际上就是没有血缘关系的陌生人，那么不妨退回界限，从陌生人开始慢慢培养感情。继父母应当以一个朋友或者指导者的身份出现，而不是试图替代他们的亲生父母。

对于夫妻双方来说，公平对待每个孩子是至关重要的，但这并不意味着要绝对平均地分配爱和关注。每个孩子都有他们独特的需求和感受，父母应该根据每个孩子的个性和情况来调整自己的行为。

不要过分计较对方投入在不同孩子身上的爱，没有谁生来就懂得如何平衡家庭关系。夫妻双方都需要花费时间去摸索和学习。沟通和协作是解决界限问题的关键，这可能需要大量的尝试和改变，但只要双方都能保持开放和理解的态度，就有可能找到最适合的解决方案。

现代社会中，婚姻正逐渐呈现出“弹性化”的特征。这种变化反映了社会对个人选择的尊重，以及对幸福定义的多元理解。实际上，幸福并没有统一模板，二婚家庭也可以根据自身状况，选择更适合自己家庭的相处模式。

秦璇是一名钢琴老师，十年前，她不顾父母反对，和前夫结婚并生下女儿。秦璇以为自己嫁给了爱情，岂料婚后前夫不仅好吃懒做，还频繁出轨。36 岁时，她终于下决心结束这段婚姻。

40 岁那年，秦璇遇到了梁宇，一个比她年长 8 岁的男子。他们的相遇并非世俗眼中的风花雪月，却充满了深深的情感共鸣。但梁宇家里有两个孩子，大女儿在国外留学，小儿子正值青春期。他的前妻过世后，孩子们变得有些叛逆，姐弟俩对父亲打算再婚这件事感到抗拒和不理解。

秦璇经济独立，并不期望从对方那里获取陪伴之外的其他物质支持，于是他们选择以恋人的身份相互陪伴，会在力所能及的范围内照顾对方家人，并且尊重彼此与子女的独立空间。秦璇父亲生病时，梁宇跑前跑后；梁宇母亲过世时，秦璇也陪在他的身边。

相恋七年后，梁宇和秦璇的爱情故事终于迎来了温馨篇章。梁宇的女儿已经长大成人，步入婚姻殿堂；儿子考入了一所国内知名的高等学府；秦璇的女儿也被国外艺术院校录取。在长期相处过程中，双方的家庭成员也逐渐熟悉起来。

在看到孩子们幸福成长的同时，梁宇和秦璇也深深地感受到了彼此陪伴和支持的重要性。他们明白，是时候为感情画上一个圆满的句号了，两人决定正式步入婚姻殿堂，承诺要携手共度余生。他们的决定得到了包括双方子女在内所有亲朋好友的热烈祝福。

婚姻不过是一种生活方式。结婚并不意味着幸福，单身也不意味着孤独，无论结不结婚，还是结几次婚，都不影响我们把自己的人生经营好。